走近新科学

U0459371

交 通

主　编：沙金汰
撰　稿：沙金汰　沙　迪
　　　　李玉华

吉林出版集团股份有限公司
全国百佳图书出版单位

图书在版编目(CIP)数据

交通 / 沙金汰主编. -- 2版. -- 长春：吉林出版
集团股份有限公司, 2011.7 (2024.4 重印)
　　ISBN 978-7-5463-5740-9

　　Ⅰ. ①交… Ⅱ. ①沙… Ⅲ. ①交通-青年读物②交通
-少年读物 Ⅳ. ①U-49

中国版本图书馆 CIP 数据核字(2011)第 136908 号

交通 Jiaotong

主　　编	沙金汰
策　　划	曹　恒
责任编辑	李柏萱
出版发行	吉林出版集团股份有限公司
印　　刷	三河市金兆印刷装订有限公司
版　　次	2011 年 12 月第 2 版
印　　次	2024 年 4 月第 7 次印刷
开　　本	889mm×1230mm 1/16　**印张** 9.5　**字数** 100 千
书　　号	ISBN 978-7-5463-5740-9　　**定价** 45.00 元
公司地址	吉林省长春市福祉大路 5788 号　**邮编** 130000
电　　话	0431-81629968
电子邮箱	11915286@qq.com

编者的话

科学是没有止境的，学习科学知识的道路更是没有止境的。作为出版者，把精美的精神食粮奉献给广大读者是我们的责任与义务。

吉林出版集团股份有限公司推出的这套《走进新科学》丛书，共十二本，内容广泛。包括宇宙、航天、地球、海洋、生命、生物工程、交通、能源、自然资源、环境、电子、计算机等多个学科。该丛书是由各个学科的专家、学者和科普作家合力编撰的，他们在总结前人经验的基础上，对各学科知识进行了严格的、系统的分类，再从数以千万计的资料中选择新的、科学的、准确的诠释，用简明易懂、生动有趣的语言表述出来，并配上读者喜闻乐见的卡通漫画，从一个全新的角度解读，使读者从中体会到获得知识的乐趣。

人类在不断地进步，科学在迅猛地发展，未来的社会更是一个知识的社会。一个自主自强的民族是和先进的科学技术分不开的，在读者中普及科学知识，并把它运用到实践中去，以我们不懈的努力造就一批杰出的科技人才，奉献于国家、奉献于社会，这是我们追求的目标，也是我们努力工作的动力。

在此感谢参与编撰这套丛书的专家、学者和科普作家。同时，希望更多的专家、学者、科普作家和广大读者对此套丛书提出宝贵的意见，以便再版时加以修改。

目　录

阿基米德的贡献

阿基米德是两千多年前的科学家，他并没有造过船，也没有研究过船舶，但他却是在航海事业发展上作出巨大贡献的人。

我们知道，任何船舶都是在水中行驶的，而船舶能在水上漂浮的液体力学的基本原理就来自阿基米德的著作《浮体论》。

《浮体论》指出："浸在液体中的物体受到向上的浮力，浮力的大小等于物体排开液体的重力。"有了这一重大发现，人们才深刻地认识了液体的浮力现象，才知道不仅比重比水小的物体可以漂在水上，如树干；就是比重比水大的物体，如钢铁，也可以让它增加排水量后漂在水上。

这种理论说明了浮力的大小决定于物体排水的重量，而不取决于物体的比重。这种理论使木船、钢铁大船的制造成为可能。只要扩大船舶的载重量，甚至可以制造重达十几万吨的航空母舰。

民用船舶的分类

现代船舶按用途分类的话：一是军用船舰；二是民用船舶。民用船舶中也包含许多种类。这些船舶用途不同，外观不一样，造船材料、动力装置、推进方式也各有所异。

运输船舶是民用船舶中最常见的，数量也最多。它包括有运送旅客的客船，运送货物的货船。货船可是一个大家族，有干货船、散装货船、集装箱船、滚装船、载驳船、拖船、顶船、液化天然气船、油船……

还有从事海洋、河湖捕捞，生产用的渔业船舶。这些船中有捕鲸船、拖网渔船、围网通船、渔船、海产品冷藏船、海产品加工船等。

为海运、水运工程服务的船舶也不少，例如挖泥船、起重船、钻探船、海难救助打捞船等。

专门为从事海洋科学研究、海港工作的各种工作船舶也很多，如：破冰船、引航船、消防船、供应船、航标船、科学调查船等。

世界上70%的水域面积上，各种各样用途的民用船舶为人们利用江河海洋提供了便利。

大型船的船鼻首

　　船鼻首是在船的首部下面建造的一个球形物。船鼻首在水中，我们看不到它。因为这种造型很像人的鼻子，船艏柱自上而下平缓圆滑，似鼻梁，下部球状结构好像鼻翼。

　　在航行时，船体和球鼻都会兴起一组波系，这两组波系中，一组波浪的波峰恰与另一组波浪的波谷相遇。如此巧合，相互干扰，使波浪得以削减，降低了兴波阻力。

　　行驶中的船在水中受到了水的阻力、空气的阻力等力，而船在水中行驶产生的兴波阻力更为重要。特别是船速越快，兴波阻力则越大。为了减少兴波阻力，设计师们把船艏柱设计成船鼻首，这就大大地减少了兴波阻力，从而提高了船速。

　　船鼻首的形式有好多种，有水滴形球鼻、撞角形球鼻、S-V 形球鼻、圆筒形球鼻等。船鼻首一般可以提高航速 0.5 节以上。

　　船鼻首还有使船艏浮力增加的作用。油轮等机舱在船艉部的船，船鼻首还可以做压载水舱，以调节船的纵倾度，船鼻首在船艏前底部也可以提高船舶抗冲撞能力。

船舶的水密隔舱

水能载舟,也能覆舟。在水中航行的船舶,一旦某些水中部分破损,大量的水就会涌进船舱,导致船舶下沉或倾覆,造成悲惨的海难事故。所以,船舶的抗沉性能十分重要。所谓抗沉性,就是在船舱进水时,要保持船舶有一定浮力,不至于使船舶沉没或倾覆。

为了提高船舶的抗沉性,人们想了很多办法,其中建造一些纵、横的水密隔舱壁就是一种有效提高抗沉性的办法。这种水密隔舱壁还具有防火、防毒气扩散的作用。

水密隔舱壁一般建在船艏或中部。船舶的大小决定水密隔舱壁的数量。

我们知道船舶甲板以下部分的船体比较庞大,这部分船体采用了纵、横舱壁结构,以加强船舶的整体强度。同时,这些舱壁也把船体分成了大小不等的若干个舱室,舱室供各种需要所用。如货舱、客舱、轮机舱、饮水舱等。

如果把一些舱壁建造成水密隔舱,它就会具有抗沉性能。当某部分进水时,关掉这个舱的水密门,水只能充满这个舱为止,而不会再涌进其他舱室。只是部分进水,不至于使船舶下沉或倾覆。这就保证了船舶的安全。如果没有水密隔舱的结构,只要船舶被撞一个洞,水就会逐步淹没所有舱室,使船舶浮力大大丧失,导致船舶沉没。

船舶的压载水舱

　　船舶在航行中,船上的燃料、货物、食品、饮用水等都在指定的舱室中。这些物品在起航时,船舶的吃水与纵倾度都是按设计要求,利于船舶的稳定性。但在运行中,这些物品又是变动的,有的物品在减少,有的物品在增加。例如:有些燃料将会因船舶运行而逐渐减少,饮用水也在日趋减少。有的货舱又在增加或减少货物。这些变化会使船舶吃水发生变化,或者前、后的载重量发生变化,因而影响船舶的航行性能。

　　为了及时调整因运行发生的船载物品变化而带来的影响船舶稳定的问题,设计人员设计了压载水舱。压载水舱分布在双层底舱、首尖舱、尾尖舱、舷侧边舱或深水舱内。用泵吸入或排出舱内的水,使船舶保持压载正常和纵倾度正常,这些设施叫作船舶压载水系统。例如,因左舷货舱卸货过多,左舷失去压载,船只可能发生右倾,这时只要向左舷侧边舱注水,就恢复了原来的压载,使船只平稳。

　　破冰船的压载水舱还有使船只摇晃的作用,利用船的左、右摇晃,或纵倾来破冰。

船底的涂漆

各种船舶样式各异，因而涂漆的颜色也不一样，尽管各不相同，但都涂得十分醒目漂亮。如军用舰船大都是海军蓝，客船则有白色、橘红色、橘黄色等。

各种船舶的船底涂漆却都大体一样，一般都呈铁红色。而船底涂漆使用的是特殊的船舶专用漆，而不用普通油漆。这是为什么呢？

普通油漆主要有两个作用，一是防锈、防风蚀、防腐损；二是使外形美观。如家具、车辆等表面涂漆就是为了达到上述两个目的。但是船舶的底下，长年在水中，这就要求所涂油漆要比普通油漆的功能更高，它要求保持表面的光滑不被海洋中的生物覆盖、吸附。

船底长年在水中，一些海洋生物，如牡蛎等会吸附在船底，当船底布满了附着生物，船底就会失去光滑性而产生阻力，这就会影响船舶的航速。

据研究者指出，如果船底水下部分的一半长满了平均 4 毫米厚的附着生物，船速将会降低一半，为了不让附着生物吸附在船底上，技术人员研究了特殊的专用油漆。这种油漆里含有氧化亚铜、汞化合物、锡有机化合物等有毒物质。涂上这种油漆，附着生物就不会再吸附船底上了。

交通工具上的玻璃

　　玻璃是我们经常见到的材料。房屋的门窗上安装玻璃；汽车、火车、轮船、飞机上都使用玻璃。可是你也许不知道,车、船、飞机等交通工具上使用的玻璃,并不和建筑物门窗使用的玻璃一样,而是一些特殊的玻璃。

　　普通玻璃光洁、明亮、坚硬,但是也有缺点,它的强度和韧性较差。所以普通玻璃易碎,当受到撞击或震动时立刻粉身碎骨。而交通工具都会有或大或小的震动,甚至碰撞,遇到这种情况,普通玻璃当然就要损坏。损坏的后果也是令人不安的,甚至会致伤人体。因此,必须寻找一种既光洁、明亮、坚硬,又有很高强度、韧性的玻璃为佳。

　　车、船、飞机上使用的特殊玻璃就是这种玻璃。例如:汽车、火车上安装的钢化玻璃,是经过普通玻璃淬火制成的,这种玻璃强度较大,即使撞碎,玻璃碎块也不会飞溅伤人,一些特殊的车辆,如高级防弹轿车使用的玻璃,飞机上使用的防弹玻璃更为坚固,一般的枪弹也不能击穿玻璃。

　　防弹玻璃是多层夹层玻璃,中间的夹层使用透明的塑料、化学胶;还有的防弹玻璃是用有机玻璃等高分子材料制造,其成分和普通玻璃不同,其性质当然就更加优越了。

船舰、雷达、声呐

雷达被人们喻为千里眼，雷达被广泛应用到船舰、飞机，甚至汽车、火车上。雷达为交通工具的安全行驶带来很多方便。有了雷达，地面、空中的交通几乎就足够用了，可是船舰还不行，还得有声呐系统，特别是一些特殊用途的船舶必须有声呐。例如潜水艇、捕鱼船、科考船、工程船等。

为什么这些船舶有雷达，还要有声呐呢？我们知道，潜水艇、捕鱼船、科考船、工程船航行时不仅要了解水面、空中的情况，更需要了解水中的情况。它们的千里眼不但要看水上的情况，也要看水下的情况，例如：捕鱼船需要看见水中的鱼群，工程船要看到海底的地形等。

雷达是利用无线电波来"看"情况的，而无线电波在水中就会减弱，传播的速度也慢，也就是说雷达"看"空气中的物体更适合，但"看"水中的物体就逊色了。

利用超声波探测水中情况的声呐可以担当这个任务，所以，一些船舶上既有雷达，也安装了声呐。

航海仪器

船舶在一望无际的大海中航行，往上看是蓝天，往下看是水。那么船舶怎样航行才能安全到达目的地呢？如果在陆地上行车，很容易用裸眼就可辨别方向，识别街道及一些参照物，很容易找到通往目的地的路。但是在茫茫无际的大海中，只凭裸眼就很困难了。古时候，人们用观天云法，使用罗盘等，但这些方法有时会遇到天气的困扰，受经验的限制，因此常发生迷失航向的事情。

在现代，航船上配备了多种航海仪器，如磁罗经、陀螺罗经、六分仪、雷达、无线电等。现代化的卫星导航系统更快、更准确地使航海人员明确航线、船舶的位置。

卫星导航系统由在天空中的多颗卫星，地面上的多个跟踪站，计算机中心等组成。船舶上有卫星信息接收设备、计算机、显示屏等。

这些电子设备和仪器能使航海仪器"看"到航线，也能"看"到船舶的位置，用这些设备和仪器"看"到的情况再转告给航海人员，航海人员听这个导航系统指挥就可以了，航海人员坐在仪器前就可以把船航驶到目的地，仪器的可靠度极高，误差仅有 0.1 海里。而用人裸眼目视是根本办不到的。

船舶计程仪

当你乘坐出租车时,要按车载计程仪付车费。一看计程仪,便知道汽车跑了多少里程,所以有人也把出租车称作计程车。

船舶在海上航行时,也可以知道航行的里程吗?当然可以。

测量船舶航行的里程有许多办法。例如:根据海图推算出船位来计算里程,也可用计程仪来了解航行里程。

计程仪也有许多种,如:拖曳式计程仪、转轮式计程仪、水压式和电磁式计程仪。

电磁式计程仪是较先进的计程仪,它有灵敏度高,能测低速等优点,因此广为应用。电磁式计程仪是根据电磁感应原理来测定船舶航程的。电磁式计程仪主要由电磁传感器、计数器、显示屏组成。

电磁式计程仪的工作原理是:当船舶航行时,对船做相对运动的水流经电磁传感器中的磁场,在磁场的两极会形成感应电势。感应电势的大小和水流速度成正比,因此水流速度大小,就会反映在感应电势大小变化中。这个变化反映在航速显示器上,就可以知道航速,同时把这个感应电势放大、变换,也可得到脉冲信号。通过脉冲频率也可了解航速,把脉冲信号输入到计数器里,就可在显示器上读到累计航程。

啊!真快!

船舶失事呼救

如果车辆发生交通事故，不管翻倒在路面还是沟里，比较容易被过往的行人发现。船舶遇难可就不同了，船舶会在很短时间内沉没，人员也很可能遇难。这就需要在尽可能短的时间里进行救助。为了及时救助海难的船舶及人员，在船舶上安装失事自动呼救装置就十分必要了。

船舶失事自动呼救装置是一个橘红色的小匣子，里面装有小巧的电子装置。外壳上印有 Epirb 字样。这个装置叫"应急无线电坐标"，它被安装在船舶的甲板上，它的工作完全是自动化的，不需要人的任何操纵。

当船舶一旦失事开始下沉时，"应急无线电坐标"会自动漂离甲板，它不会下沉而是漂在水面上，并自动开机发出无线电信号。这个信号包括五个部分：一是用户——船舶的类型；二是国家——用户所属国家的编码；三是编码——船舶编码、呼救装置编码；四是海难类型——起火、沉没等；五是位置——由船载导航仪器确定的船位信号。

"应急无线电坐标"发出的这些信息，很清楚地说明了遇难船舶的基本情况，便于接收到这个信号的海难救助者，及时找到船舶，并采取相应措施救助。

船坞上组装大船

船坞是造船厂的最大设备。船坞分为干船坞和浮船坞,干船坞是新船建造的地方,浮船坞是造船维修的地方。

干船坞像一个凹下的大水池,坞门是一个大闸门。这里有吊装的各种设备和抽水设备等。

现代船舶越来越大,万吨级的船舶已是很平常,10万吨级、数十万吨级的船舶也越来越多。这么大吨位的船舶,简直是一个钢铁庞然大物,它们上百米至数百米长、几十米宽、几十米高。

没有大的场地搁不下它们的身躯。

现代的船舶不但体形大,而且重量也不轻,它们的自重达数百吨、数千吨,甚至上万吨。这么大的船体要分段、分部分建造,然后在船坞里总装。当总装完成后,把坞门的闸门打开,坞内注入大量的水,靠水的浮力大船慢慢浮起,从坞门驶出。

在浮船坞修船

　　船舶是个庞大的钢铁之物。船舶还有相当部分在水中,如船底部外板、螺旋桨、舵等都在水中。

　　如果要拆换底部外板、清涂污底、船底涂漆或修理螺旋桨、舵等这些水下部分,就得把船舶拖到船坞内进行,否则无法施工。

　　浮船坞是一个漂在水内的凹形的大船,坞底的两边有坞墙,坞底由抬船甲板和许多浮箱组成。浮箱内有强力水泵,用水泵往箱内灌水或排水可以调节坞的沉浮。浮船坞上还有船舶进出坞的设备,锚泊设备,天桥、墩木、起重设备等。

　　修船的过程是先把待修的船舶拖入坞内,安放在坞上,这样就可以把整个船都抬离了水面,使船底下有一定空间,施工人员可在船的任何底部自由工作。

　　把船拖入坞内时,先向浮箱灌水,坞底浮箱进水,使船坞下沉,当下沉到一定深度,用绞车将船拖进坞内,调整船体,使船稳置于船坞的龙骨墩上,随后将浮箱内水排出,船坞渐渐浮出水面,待修的船舶也随之露出水面。

舱室密闭性试验

密闭性试验的目的是检查舱壁、外板等有无渗漏现象。常见的试验方法有水密试验、气密试验和煤油试验等方法。

水密试验分为灌水试验、冲水试验和淋雨试验。

凡是贮存液体的舱室、设计水线以下与底板相连的舱室等都需进行灌水试验；水线以上部分，外板、甲板、上层建筑围壁、舷窗及水密门等都要进行冲水试验；上甲板以上的围壁、甲板等都要进行淋雨试验。通风机舱、食品贮藏舱、厨房等舱室要用梨香油进行气密试验。

对规定应作灌水、冲水试验的部位，也可用气密试验代替。气密试验比水密试验简单易行，且有同样效果。

为检查局部有无渗漏，可采取煤油试验，这种方法也是简单易行的。如维修舱室就可以用这种方法。

如何打捞沉船

沉入海底的沉船，因为某种原因必须要打捞时，就得派打捞船去进行打捞作业。如:沉船堵塞航道,沉船内有贵重价值的物品并且有打捞的可能性,或还有修复的价值。

打捞沉船有很多方式,有整体打捞,有分割打捞。整体打捞就是将整个沉船打捞出水,分割打捞就是打捞部分船体,或将沉船切割成几部分,分部分把沉船打捞出水。

打捞沉船的方法也较多,有抬撬法、浮筒打捞法、封舱压气抽水法、拖绞法、水下爆炸解体法等,也可同时用几种方法,或先后用几种方法打捞沉船。

抬撬法是用钢索将沉船锁住,然后用打捞船上的绞盘车收紧钢索把船拖出水面。

浮筒打捞法是用浮筒产生的浮力,将沉船抬出水面。

封舱压气抽水法是把沉船的水密封舱中的水抽出,抽水时向封舱中注入了空气,这样就增加了沉船的浮力,减少了重量,当浮力大于沉船重量时,沉船就会浮出水面。

打捞沉船是一项复杂,风险大的工程。打捞工作需由专用的打捞船及专业技术人员完成。

海上城市——大客轮

我们在城市里生活非常方便，这是因为城市为我们提供了工作、学习、休息的生活环境。现代的大型客轮上几乎和城市差不多，为我们提供了便利、舒适的生活环境。

大型客轮长达一二百米，可载客一二千人，甚至三四千人。客轮上有宾馆式的客舱数百间。客轮上有齐全的文化娱乐设施，有容纳上千人的剧场、电影放映厅，有图书馆、舞厅、游泳池、健身房等，还有供休闲的花园。花园里甚至还有高大的树木，争艳的花卉，清澈的溪水，美丽的瀑布等。客轮上还有商店、餐馆、咖啡厅、酒吧及医院等设施。先进的通信设备把漂泊在海上的人们和世界联系在一起，人们可以通过网络照常办理商务等事宜，真是太方便了。在这样的客轮上，历经一两个月的旅行根本就感受不到旅途的风尘与疲劳。

德国建造的"世界城市菲尼克斯"号，其规模是普通客轮的 6 倍，可载客 5600 人，船上有三栋 8 层高的宾馆式建筑物，每幢建筑物内都设有两部透明电梯。豪华的客房，酒吧、咖啡厅、舞厅、游泳池、商店一应俱全。船上的热带风光花园有千奇百怪的热带植物，还有环礁湖。清澈湖水中丛生着各种石珊瑚，湖中的热带鱼在礁缝中游来游去，简直就像一座热带城市。

高效的集装箱船

　　1956 年,太平洋航线上行驶着一艘巨大的怪船,船的甲板上整齐地排列着 16 个同样大小的铁箱子。这就是世界上第一艘新型货轮——集装箱船。因为集装箱船运输效益高,许多国家的航运公司都争先效仿,纷纷制造集装箱船,发展集装箱运输。很快几十个国家的集装箱船往返于世界 500 条航线上。为什么集装箱船运输效益高呢?

　　集装箱船的航速、航程和其他货船并无两样,它的装载量稍有变化,最主要的是它装卸货的方式,及用这种方式装货而带来的缩短装卸时间、运输周期,而为提高运输效益带来了喜人的成果。散货船装卸十分不便,货舱的货位所占空间也较大,影响了载重量的提高。

　　集装箱船把装满货的大箱子,有秩序排列起来,可提高装载量,也便于装卸。据调查,集装箱船可比普通散货船装卸效率提高 10 倍。

　　集装箱运输是改单件、小件运输为集中装箱运输。箱的规格大小有统一标准,既便于装卸,也便于铁路、公路、海运联运。集装箱类型各异,便于运输固体、液体、杂货、干散等各类货物。

油轮的控温

油轮是一种专用的货船，专门用来运输石油等油类品种货物。为适合油类产品的运输，船舶的设计、建造都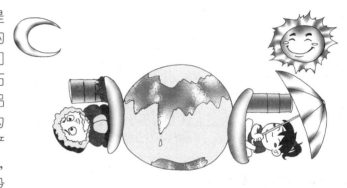比较复杂。加温、降温装置就是油轮上一套复杂的系统。油轮上为什么要有加温、降温装置呢？

庞大的油轮可载石油万吨、数十万吨，甚至上百万吨，其装载量之大是货船之冠。由于载重量大，因此非常具有经济效益。载重量之大就为装卸带来不便，所有油轮装卸石油都是机械化的，这才能缩短装卸时间。自动的机械化装卸油是利用石油液体的货物形态这一特点，石油是通过管道直接进入或排出油舱。但是如果石油温度过低，就会增加石油黏度，这就为装卸石油带来困难。油轮来往于各大陆之间，如遇气温下降，就必须为石油加温，以保持石油黏度。

另外，石油是易燃的液体，行驶在高温海域，来自太阳和大气的热量，使油轮的温度也不断升高。这对于燃点低的石油是一种不安全因素，所以油轮上还有降温装置，以便随时降温，以保持石油的温度在允许的范围，避免油轮发生火灾。

母 子 船

　　载驳船是二战后兴起的一种新兴船舶,这种船舶的出现是水运的一项重大革新。载驳船是一艘很大的货运船,可载运驳船几十艘,运量达数万吨,大大提高了货运效率和河海联运的方便性。

　　它的运输方式是将事先装满货物的驳船,一艘艘地装上载驳船的货舱,载驳船航行到目的港后,再卸下这些驳船,然后用拖船转运内河的港口。载驳船是大船上装上若干小船,这些驳船本身无动力,好像是一个巨大的货箱,在内河水面上由拖轮牵引航行。在内河港装满货物后,拖轮牵引至河口海港,然后装上载驳船,经海运运往各临海河口型海港。这种运输方式,不用中转运输,实现了河海联运,缩短运输时间,提高了运输效率,降低了运输成本。

　　载驳船所载的驳船必须是统一的型号、规格,这样有一定标准的驳船才能适应载驳船的装卸方式,才能有秩序地把驳船装上指定的货舱。

　　载驳船装卸驳船都是机械化的装卸,由大型机械设备把驳船装上、卸下。载驳船按可载的驳船型号分为"拉希"型载驳船、"西比"型载驳船、"巴卡"型载驳船、"黑海"型载驳船等。

带装卸跳板的船

滚装船是一种装卸快捷的货船，它可以装载集装箱、各种车辆及特大件机械产品等。滚装船是 1958 年研制成功的。

滚装船意即滚上滚下或开上开下的货船。这种船是事先将货物装在卡车或拖车上，然后直接开上船，固定在货舱的货位上。待到达目的地后，这些装满货物的卡车自己开下船，直接把货送到目的地。滚装船把陆运和水运结合成一个真正的联运系统，减少了装卸货物转运的重复劳动，大大提高了运输效率。滚装货船是普通杂货船装卸速度的几十倍。另外，滚装货船不需要码头的起重等装卸设备，节省了建造码头的费用。滚装船以这些优势得到了迅速发展。

滚装船停靠码头后，汽车等直接开上、开下。那么就需要为汽车铺一条登船的路，或是架一个桥，这个桥或路，就是装卸跳板。

滚装船的装卸跳板一般都装在船艏，也有装在船艉或侧舷的。装卸跳板是折叠活动式的，当停靠码头后，它会伸展成几十米长、十几米宽，把船头和码头接起来，这就形成了一条又长又宽的路，卡车可直接开上或开下船只。装卸完毕后，装卸跳板再折叠收回固定在船艏。

自卸船

一些固定的短线货运输大都使用自卸船舶。如火力发电站、联合钢铁企业、冶金企业等的煤炭、矿石、矿砂等涂料、燃料的运输都使用这种船舶。

自卸船是一种特殊的运输散货船舶。它主要的特点是能像自卸汽车那样,自动卸掉散装货物,不需要人力装卸,实现了卸货自动化。

自卸船舶的货舱设在船的中部,货舱下部设置料斗、皮带传送带、投料臂等自卸机械装置。

自卸船卸货时非常方便,只要在控制室一按电钮,自卸设备便开始工作。货船中的料斗门自动打开,散货靠自身重力下落到传送皮带上,经皮带传送到卸料斗上,由旋转的投料臂将货物投放到浮码头的料斗内。

自卸船多用于厂矿、电站运输煤炭或矿石等燃料和原料,实行定期、定量往返运输。

自卸船舶的这种卸货方式具有许多特点:第一,卸货效率高,每小时达千吨以上,几千吨的煤几个小时可卸货完毕,加速了船舶周转,提高了船舶利用率;第二,不需要码头大型卸货设施,降低建造,维护费用;第三,节省劳力、降低劳动强度;第四,烟尘少,利于保护环境等。

液化天然气船

液化天然气是目前大量使用的能源之一。为此,从 20 世纪 70 年代以来,液化天然气船纷纷下海,它们担负起海上运输液化天然气的任务。

液化天然气是易燃品,运输液化天然气的船也很特殊。货舱是密闭的,以保持舱内一定的压力和温度。货舱外围还有隔热层,以防止外部热量进入货舱。

液化天然气货舱装载的是液化天然气,而不直接装天然气。因为天然气液化后可减少体积, 液化天然气的体积大约是天然气的 1/600。液化天然气不断地蒸发,每昼夜的蒸发量约为 0.2%～0.3%。一艘 12.5 万立方米液化天然气船每昼夜要蒸发 3.125 立方米,这可是不小的损失。特别是这蒸发掉的天然气无处去。既不能花高昂的代价回收,也不能让它白白跑掉,且污染空气。于是,造船的设计人员想了一个两全其美的办法,这就是把液化天然气船的动力造成以蒸汽轮机为主机的船只。

自柴油机、电机被采用以来,蒸汽轮机也都退役不用了。但用在液化天然气船上还正合适,这种蒸汽机的燃料不是煤,而是货舱中蒸发出的天然气。

捕鲸船怎样捕鲸

一提起捕鱼捞虾，那就是用网捕或捞。但是捕鲸可不是用网，而是用炮。不过这不是普通的炮，如果用普通的炮捕鲸，那不是一炮把鲸鱼炸个粉身碎骨吗？

捕鲸是用一种特殊的炮，用的船也是特殊的船。这就是捕鲸船和捕鲸炮。

捕鲸船是一艘机动灵活的小型船舶，航速较快，便于追赶鲸鱼，船的桅杆上有望台，便于观察海面鲸鱼的活动情况。在船艏有一门捕鲸炮，捕鲸炮的炮弹头上有一条钢索。

当望台上的人员发现鲸鱼时，捕鲸船立刻开足马力追赶，在捕鲸船驶近鲸鱼，达到捕鲸炮射程内时，炮手瞄准鲸鱼开炮。炮弹射入鲸鱼体中，并牢牢地钩住了鲸鱼。捕鲸船跟随鲸鱼航行。经过一段时间，鲸鱼由于流血过多而昏死过去，再不能挣扎了。这时捕鲸船上的绞盘转动拉紧绞索，鲸鱼被绞索牵拉渐渐靠近捕鲸船，一直从船后的滑道上将鲸鱼拉上。捕到的鲸鱼要立即在船上进行加工、冷冻。

捕鲸作业往往都组成捕鲸船队，船队由若干艘捕鲸船组成。同时还有供应船、加工船、储藏冷冻船等。捕鲸业是经济效益可观的捕捞业，但是，为了保护鲸类，人们已经对捕鲸作了限制。

海上实验室

为了探索、研究、开发海洋,造船设计师们为科学家设计、建造了科学考察船和科学调查船。

大型的综合性科考船可在全球 90% 以上的海域进行多学科的考察、调查、研究工作。它结构坚固,平稳性、适航性、续航能力都很强。

美国 1975 年建造了"极星"号科学考察船。这艘船的排水量为 1.3 万吨,航速 20 节,可破 6 米厚的冰层航行。船上装有 2.5 万马力电力推进装置,有三个直径 4.877 米的可调螺距的螺旋桨。船上有实验室、气象室、极光、夜光观测室、宇宙线、电隔层观测室、地球磁场观测室、地震测试室、海洋物理、化学和海洋生物实验室、水中电视照相室、计算机室、资料室、图书馆、气球塔等,可为地球、天文、气象、海洋、地质等多学科各方面调查、研究提供方便,简直就是一座漂在海上的科学城。

为了保证科学家们的生活,船上有十分方便、舒适的生活设施。有设备齐全的住舱,文化娱乐设施,医疗保健设施等。

破冰前进的船

高纬度的海域严冬时刻会结冰，科学考察船去南北极常会遇到这种情况。航道冻结，航船无法前进。在北半球偏北的港口也有冬天结冰的，使船舶无法进出。破冰船可以为航船开辟航道，把结冰的冰层撞碎。

破冰船的样子像船舶中的胖子，体小而宽，长宽比约为 4：1，而普通船舶则约为 7：1～9：1。这短宽的船体易于操纵。船的钢板厚度比一般船厚得多，厚度可达 35～50 毫米，船壳板耐高寒、强度大。破冰船有强大的马力，便于用冲、撞等各种方法破碎冰层。

破冰船船头底线与水平线形成 20～35 度角，船头可以轻易地滑上冰面；在船头、船艉、船腹左右内部都设有水舱，以便注水而使船体前后、左右摇荡。

由于破冰船的特殊结构，强度大的外壳，强大的马力，使破冰船能破碎冰层前进。

当破冰船遇到薄冰时，只要开足马力，冰层就会被破冰船的坚硬外壳撞碎。如果冰层稍厚一些，破冰船撞不碎冰层，船头会在大马力推动下滑上冰层。这时把船艉水舱的水抽出并注入船艏水舱内，使艏首增加重量，用重力将冰层压碎，这重力可达 1000 吨以上。如果冰层特厚，还可以利用船腹左右的水舱抽、注水，以改变左、右的重量，使船摇晃起来。此外还有冰钻、温水喷浇等方法破碎坚冰。

现代捕鱼船队

现代捕渔业是综合性的捕捞船队作业，船队由拖网渔轮、围网渔轮、补给船、加工船等组成。这大型船队就像一个流动的海产品加工基地，到远洋深处去从事海产品的捕捞、加工。

现代捕渔业是在大洋中进行活动的，航期比较长，少则几个月，多则半年以上，为了船员的生活、生产正常进行，必须有充足的补给，因此，补给船应邀参加了船队。

现代捕渔业是机械化作业，船上设有声呐探测设备、机械化拖网或围网。

现代捕渔业作业范围广、周期长、捕捞的各种海产品必须及时处理，或冷冻、或加工。否则就会发生变质。因此，必须有现代的冷藏加工船只，以便把捕捞的海产品及时加工冷藏。冷藏加工船就像一座海上流动的海产品加工厂。它及时地把捕捞的海产品进行分类，并及时地进行冷冻，或者加工成罐头食品等。

当现代远洋捕捞船队起锚时，他们带足了生活、生产用品；返航回归港湾时，他们带回来丰盛的美味——海产品。

现代风帆船

传统的帆船是直接借助风力行驶的船，风的大小，风向都影响着船的航速。如果顺风行船，那真是一日千里了，但是逆风行船就困难多了，甚至不能前进。

现代的风帆船就不这样了，无论风大风小，无论什么风向，它都可以照样行驶，不受风向的限制。这是因为传统帆船使用软帆，直接借助风力。而现代风帆船是使用硬帆(即风筒)，间接借助风力。

现代风帆船的风筒上有许多叶片，无论什么方向吹来的风，都会吹动竖直风筒上的叶片旋转，风筒带动发电机发电，再用电力作动力使船行驶。现代的风帆船已和传统的风帆船的驱动方式有了根本的不同。实际上现代风帆船更接近于电力驱动的船舶。

目前使用的现代风帆船还不够完善。虽然船上安装了很多风筒，但所发出的电量还不能满足船舶的需要。因此，船上还装有柴油发电机以补充不足的电能。

据研究人员称，这种风帆船可以节省燃油，降低运输成本，是极有发展前景的节能、减少污染的船舶。

水 翼 艇

水翼艇顾名思义，是插上翅膀的船。不过这个翅膀不是在空气中飞行，而是在水里滑行，所以称为水翼。

水翼艇的水翼是由不锈钢制造，安装在船底部，由支架和船底相连接。水翼做成如飞机机翼的翼形，这种翼形在水中运动时产生举力把船体抬离水面，使船体脱离水面在空气中行驶。这时，水对船的阻力只是水翼和支架，而船体已脱离水面，水对船体没有阻力。这种行驶方式大大降低了水对船的阻力，因此船速大大提高。水翼艇多用于内河客运，也可用于军事上作鱼雷艇、快艇。

由于水翼艇的结构限制，它不适宜较浅的航道。水翼艇的结构是在船体下面装有支架，支架下面还装有水翼，这种结构，需要较深的水道才能使水翼艇正常航行和停泊。

如果航道较浅，就容易使船底的支架、水翼与水底地面相撞。所以水翼艇不能在较浅航道内航行。

水翼艇适宜直达航行，不宜中途停泊，因为中途停泊会使全程平均航速下降。

滑 行 艇

在水面上行驶的滑行艇有较高的航速，这种滑行艇一般都用在内河或港湾，用以从事交通联络、海关检查、港湾搜索等。滑行艇具有小型、吃水浅、灵活、快速等优点。

滑行艇为什么比一般普通船航速快呢？普通船大都是排水型船，船舶漂在水上是船排水产生的浮力作用。排水型船的部分船体必须在水中，船的浮力大小是和它的排水量一样的。由于船体在水中，船舶航行时要受到水的阻力。

滑行艇不是排水型船，而是靠船体高速运动时，水对船体产生举力，使船体大部分脱离水，只有一小部分在水中，而在水面上行驶，这样水对船体的阻力就大为减小。而空气对船体的阻力比水小得多，大约是水的八百分之一，所以滑行艇航速就可能大幅度提高。另一方面滑行艇必须使用大功率主机，以提高航速，只有在高速航行时，滑行艇的大部分才会被举力抬出水面。

滑行艇的设计还要选择适当的纵倾角，就是使船在高速行驶时，船头会自然抬起，可以把船体大部分抬出水面。

有"围裙"的气垫船

20世纪50年代末,英国人考克霍尔研制了世界上第一艘气垫船。这种船用气垫把船垫离了水面,克服了水的阻力,从而使船速大大提高。

气垫船不仅能在水面上行驶,也能在沼泽、沙滩、草原上飞驰,是一种新型、高速又能水陆两用的船舶,因此大受人们的欢迎。

气垫船的航速一般可达60~80节,也有的可达100节以上,赶上了火车的速度。可载客几十人到几百人。气垫船停靠方便,不需要码头设施,在陆地、水上都可停泊。

由于气垫船的高速性、灵便性、两栖性,所以在军事方面、民用方面都大有用武之地。气垫船在军事方面特别适合作战登陆使用,也可作军事装备运输、导弹快艇、反潜巡逻用;在民用方面,可作为短途客货运输、游船、渡船、交通艇、救护艇、供应船、巡逻、缉私用。

气垫船的结构特殊,在气垫船的底部四周有钢性或柔性喷嘴。强大的风扇把空气压向喷嘴,从喷嘴喷出的高压气流形成了围绕船底四周的气幕,船底四周被气幕围住,底部气幕内的空气无法流出,形成了一个气垫。这个气垫把船托了起来,船悬空而起,悬离了水面约0.6~0.8米。四周的喷嘴就像一个围裙,所以有人称气垫船为带"围裙"的船。

高速双体船

　　高速双体船由两个瘦长的单体船和把单体船连接的片体组成,一般都用轻型材料建造,如玻璃钢、铝合金、碳纤维复合材料。

　　高速双体船以它的快速性、经济性、稳定性等优势,自20世纪90年代得到了迅速发展。

　　高速双体船由于是两个瘦体狭长船接触水面,因此,大大地减小了兴波阻力,所以才能使它的速度提高,也就有了20～50节的高速度。同时,两个有一定距离的狭长船体联结在一起,使船的稳定性增强,不容易倾翻。

　　高速双体船属于排水型船舶,无论它在静止或航行时都离不开水,都是根据阿基米德静浮力的原理设计的,不像离开水面飞驰的滑行艇、气垫船那样建造技术复杂,因此维护方便,具有经济性。

　　由于这些优势,双体船得到了很快发展,据1995年统计,双体船在高速船舶中占据了一半以上的市场。高速双体船有货船、客船之分。

货船更适于运载体积大、重量不大的低密度货物;客船一般都可载客200人左右,也有400多人的大型客船。双体船由于适航性较差,所以一般多用于沿海短途运输。

掠水面行驶的船

水翼船在 20 世纪初就研究成功了，50 年代完善起来，成为短途货运、客运、巡逻、军事等方面的快速船舶。

水翼艇的头部及尾部下方都装有水翼，这些水翼用支柱与船体相连。水翼如同飞机的机翼一样，有一定的翼形，当它在水中快速行驶时，水翼会产生向上的举力，把水翼船的船体抬离水面，好像在水面飞驰。因为水翼船航

行时脱离了水面，就减少了水对船体的阻力，这就大大提高了船速，节省了燃料。水翼船航速比一般船舶要快 50%～100%以上，最高时速可达 60 节。

水翼船还有耐波性能好、平稳、不容易倾覆的优点。

水翼船行驶时要脱离水面，只是水翼插入水中，这样的行驶方式，一般波浪对它没有多大的影响，所以，具有很好的耐波性。

如果船身往一边倾斜时，在这一侧的水翼就会更深一段没入水中，也就会产生更大的举力，使船身这侧抬起恢复原状，因此也就不会倾覆，水翼还具有较强的稳定作用。

半潜式双体船

半潜式小水面双体船是近几十年来研究成功的。这种船的构造很特殊，它的船体分为水上船体和水下船体两部分。水上船体由两个狭长船体和甲板组成，水上船体脱离水面。而水下船体则由

两个鱼雷形船体深入水中，它不接触水面，也不接触空气，像潜体一样潜在水中。这种结构使船体接触水面大大减少，而又有一半船体潜入水下，所以称它为半潜式小水面双体船。

接触水面的是连接水上船体和水下船体的流线型支架。

这种特殊结构，为什么可以提高航速呢?通常提高航速有两种方法，一是提高主机的效率，二是减少阻力。

半潜式小水面双体船就是从减小阻力入手的。半潜式小水面双体船，它减少了船体与水面的接触，这就相应地减小了船与水的摩擦阻力;更重要的是减少了船行驶时产生的兴波阻力。据测定普通船舶高速行驶时产生的兴波阻力约占 60%，要使兴波阻力大大降低，无疑就可以有效提高航速。另外，船的水上船体脱离水面，既增强抗风浪能力，同时也减少了风浪冲击带来的阻力。所以半潜式小水面双体船是当代极有发展前景的船舶。

不用螺旋桨的船

　　超导电磁船是靠电流和磁场相互感应而产生的电磁力推动的船。超导电磁船在船的内部设置了超导线圈，这个线圈被浸泡在 −269℃ 的液氦中，船艏至船艉纵向有一大的管道，这一管道中有电极，这些就是超导电磁船的推进装置。

　　超导电磁船的超导线圈通电后会产生一个强大的电磁场，安装在纵向船艏艉管道内的电极会把管道内的海水带上电，这带电的海水在磁场内运动，从管道后口喷出，高速喷出的海水有强大的反作用力，反作用力使船体前进。因此，超导电磁船不用螺旋桨推进，而是靠海水后喷的反作用力前进。

　　超导电磁船有很多优势，是一种正在研制并极富前景的高速船舶。

　　超导电磁船速度快。因这种船无须动力传动装置，直接用电磁力推进，所以节约能量，提高了动能利用率和船速。超导电磁船由于没有螺旋桨，也没有舵，是靠电流的大小来控制船速和航向，所以超导电磁船具有优良的控制性。此外，超导电磁船还有振动小、噪音小的优点。

研究潜水货船

潜水艇是海中幽灵,是重要的军用船舶,它可以在水中像鱼一样游荡,不怕任何风浪,核潜艇可以长年在海中执行任务。

研究人员对潜水艇不惧风浪的优势十分重视,他们设想如果这种技术运用到货船上,建造一艘在海底游弋的货船,将可能成为不惧风浪的新型货船,这一设想具有十分重大的意义。在科学技术创新层出不穷的年代,有许多新技术都首先应用在军事方面,后来被广泛地应用到民用方面,如核能技术就是首先在军事方面实现的,以后被广泛应用在民用方面。

大海是无风三尺浪,海上气候的变化、风浪等因素对客货运输有极大的影响,甚至造成沉船等海难。如果建造在水下行驶的货船,就可以避免风浪的袭击。

海浪虽大,但主要是横向传播,有的巨浪可横向传播 400 米。波浪向水下传播就差得多,在水下 100 米处是十分平静的。根据这一波浪传播现象,潜水艇在水中游弋是十分平稳的。如果使用核动力造一艘潜水货船,那这种潜水货船是在任何风浪的海域都可不必担心航行安全。

经济的内河航运

内河航运是交通运输上的先驱,内河航运远在铁路、空运之前就谱写了光辉的篇章。至今,现代化的内河运输仍有许多优势,仍然能和高度发达的铁路、公路一比高低,平分秋色。

为什么内河航运经久不衰呢?这主要是内河航运是最经济廉价的。

内河航运遍布世界各国。天然的江河,经过疏通、拓宽等改造、建设就成了航道。江河航道开拓、维护的费用低。

内河航运占地少,在当今土地锐减的时代,无疑更有特殊意义。调查材料表明:修建 1 千米铁路或公路,约占地 50 亩,而水路利用天然河道,几乎不占地或占地很少。

内河航运运输耗能少,是最经济的运输形式。如 1 加仑燃料运 1 吨货的距离,空运为 8 千米,铁路 300 千米,公路 80 千米,而用驳船可运 5500 千米。在当今能源紧张的时刻,耗能少又是一大优势。

据统计,综合各种因素,内河运输是十分经济的,它只是铁路的四分之一,是公路的十分之一。密西西比河相当于 10 条铁路的运输能力,莱茵河可以抵得上同样长 20 条铁路的运量,所以人们称这些河为黄金水道。

车、船、飞机比赛

海陆空交通工具使地球村变小了，使人类驰骋世界成为现实。

海陆空交通工具各有所长，适合不同的交通需要。它们的速度也是不一样的，飞机的速度最快，陆上行驶的车辆第二，水中的船舶是最慢的了。

影响交通工具速度的首要因素是阻力，阻力越小，速度则越快，阻力越大则速度越慢。飞机在天上飞，空气对飞机产生阻力，空气的密度小，因此阻力也不大；汽车在地上跑也有空气阻力，同时，还有与地面的摩擦力产生的阻力，显然，汽车比飞机受到的阻力要大，又多了一个与地面摩擦的阻力。

在水中行驶的船舶可就不一样了，船舶受到的阻力是最大的，就说水的阻力吧，水的密度是空气密度的 800 多倍，这比飞机的阻力大得太多了。

船舶在空气、水中行驶，一半接触空气，一半接触水，而空气和水的密度不一样。因此船舶行驶时会产生波浪，而且速度越快，波浪越多、越大，这种波浪也会产生阻力，人们管它叫兴波阻力。

可见，船舶的阻力是最大的，所以它只能慢慢行驶了。

海图是航海工具

我们外出旅游时,首先得查看一下地图,分析一下旅游路线,乘坐什么车方便。当在一个陌生的城市游览时,不时地也要查看地图。

地图是和交通分不开的,有了地图各种交通就方便多了。海上交通比陆地交通更不容易,辽阔的大海一望无际,船只如何航行才是安全经济的?如何选择最佳航线呢?

航船有许多导航、助航的方法和仪器,如卫星导航、雷达导航等,其中还有依靠海图来进行航行。

海图是比较古老的航海工具了,历史悠久。世界上第一次环球航行就主要是靠海图、天文导航的。海图为航海发展起过很大的推动作用。至今,航海也离不开海图。

海图是按照一定比例,将地球上某一部分海域(或江河航道)沿岸、港湾、岛屿、水深、暗礁、地质条件以及沉船等障碍物与助航标志及其他绘制在平面图上的一种特殊地图。

在航海前,要根据海图制定航行计划,选定安全经济的航线。在航行过程中,依照海图检查航行计划执行情况,及时地调整,处理航行中的问题,如避让障碍、躲避风暴,补充给养等。

逆水靠岸

江河航道是内河航运的主渠道，这里来往的航船日夜川流不息。当轮船要停靠码头时，它们都会逆水行驶一段靠岸停泊。特别是我们往往看到从上游顺流而下的轮船，它们并不直接驶向码头，而是在航道里绕个半圈，再逆水驶向码头靠岸。这是为什么呢？

我们知道行驶在路面的汽车可以刹闸，使车停在站台边。而江河航道上的船却不能，因为它们行驶在流动的水里，即使关闭船上的发动机，轮船也不会停下来，因为水的流动也能使漂泊的船前进，除非把船锚在那里。这就是人们常说的"逆水行舟"，不进则退。

如果顺水靠岸停泊，那么就必须利用轮船的发动机开倒车。而且需要较大的马力，使轮船的倒车马力和水流的力量相抵，才能使船停靠下来，这样会浪费许多燃料。

如果让轮船逆水行驶，那么轮船的速度等于船速减去水流的速度。假设水流速度是每小时 3 千米，船减速后是每小时 4.5 千米，那么实际逆水行驶的轮船速度只有每小时 1.5 千米，这样慢的速度使船渐渐接近岸边靠向码头就非常容易了，而且还可节约能源。

修建人工运河

　　有一些河道是由人工开凿的,所以人们管它叫人工运河。著名的苏伊士运河、巴拿马运河把大海和大洋连接起来,为通航的船舶找到了捷径;中国的大运河为沟通南北交通打开了廉价的通道,当然还有引水作用的大运河。也就是说为了航运的便利或为了引水,人们想到了人工开凿运河。

　　例如:苏伊士运河地处欧、亚、非三大洲的要冲。埃及人在1859年起,用了10年的时间,开凿了长172千米的运河。运河贯通了红海、地中海、印度洋和大西洋。运河可通过数十万吨级的巨轮,是世界上最繁忙的运河之一。运河缩短了印度洋和太平洋西岸各国去大西洋沿岸欧洲国家的距离8000～10 000千米,免去了过去绕道非洲好望角的航程。苏伊士运河为海运创造了巨大的经济效益。

　　修建运河是一项非常庞大的工程。要有巨大的经费投入,数万人参加修建,历时多年,甚至几十年,巴拿马运河是把太平洋和大西洋连通起来的宏伟工程,运河的修建历时33年,从1881年动工,1914年才全线贯通。

船舶不能并行

公路上车水马龙，高等级的公路上的车辆排成长串，有时甚至两排并行。但是在海上，两艘轮船如超过规定距离并行就会发生碰撞的危险。

20 世纪初，当时世界上最大的客轮——奥林匹克号，与一艘豪克号巡洋舰相撞。当时奥林匹克号在海上行驶，豪克号距奥林匹克号约有 100 米的旁侧与它平行航行，豪克号像被吸引似的，逐渐向奥林匹克号靠近，并撞到了奥林匹克号船舷上，奥林匹克号的船舷被撞了一个大洞。

后来人们分析这次海上事故原因时发现，两艘船舰操纵等各方面无一疏漏。那为什么这两艘船舰竟然相撞呢？

有人用流体力学的原理，科学地解释了这两艘船舰相撞的原因。伯努利原理告诉我们：流体的压强和流速有关系，流速越快压强越小，流速越慢压强越大。

两艘大的轮船并行行驶，由于两艘船的动力系统的作用，两艘船中间的海水流速加快，而两艘船的外部的海水还和原来一样流速。这样就出现了中间海水因流速快而压强减小，而外部海水的压强保持不变；外部海水的压强大于中间海水的压强，外部的海水把两艘船向中间推移发生两船碰撞事故。

甲板上的集装箱

集装箱船装载货物的方式和普通杂货船不一样。杂货船的货物都装在甲板以下的货舱里，上甲板和货舱盖上不装载货物。而集装箱船在上甲板上也要装载货物，这无疑增加了货运量，提高了运输效率。

但是，上甲板虽然平坦，可是不会装载超过2~4层集装箱。这是为什么呢？

船舶在大海中航行，海上是无风三尺浪。因此，船舶的稳定性很重要。

影响船舶稳定性的主要方面，一个是风浪，一个是船只的重心。

集装箱堆得过高，会增加风浪的受风面积，受风面积大就会影响船只稳定。另外，集装箱堆得过高，船体的重心就会上移。而物体的重心越低物体越稳，重心高稳定性就会减小，这好像搭积木一样，搭得越高越容易倾倒。在船的重心上移时，受风面积又加大，这就使船舶的稳定性大大下降。所以集装箱船的装货必须严格遵守这一规定。

在集装箱船上装载集装箱要把重集装箱装在底舱，中间几层装较轻的，上面装轻箱或空箱，这就使船体重心下移。甲板上不超过2~4层，这就减少了受风面积，船舶就更稳定安全了。

逆向抛锚

船舶大都是漂浮在水中,在水面上行驶,如果要船停下来,它不会像汽车一样停在地面上,而是仍然漂浮在水中。由于水的流动,船也必然顺水漂动。为了把船固定在原地,就需要使用锚。

锚是钢铁制作的带有抓钩的船具。锚被拴在长长的锚链上,用绞盘来抛锚和起锚。抛锚也要选择水流的方向,不是任意抛锚的。

船的形状是前部稍尖,船舻大,类似一枚柳树叶的形状。因为船在水中航行时,这种船头尖的形状可以减少水对行船的阻力,这对节省燃料、提高船速都有很重要的意义。船头尖对着水流的方向抛锚,水流会使船的两侧压力相等,保持船的方向,这时抛锚船仍能保持平稳,锚也容易抓住水底。

如果顺水抛锚则会出现另一种情况,水流会冲向较平的船舻,船舻的受力情况不一定均匀。当下锚时,由于船舻受力情况不一样,船只就会发生偏转,甚至原地运转,并牵动锚链使锚也发生翻转,影响锚的抓力。抓不住水底,也就停不住船。

因此,人们都选择逆水抛锚,把锚设置在船头处。如果逆水行驶时,正好适宜抛锚,如果顺水行船时,船要转向变逆水再抛锚。

为什么要修船闸

大江、大河的水力资
源非常丰富，有的江河不
但是黄金水道，同时，也可
以用来发电，为此要在航
道上建设电站。也有的航
道水位差较大不便于航
行。人们为了解决水位落
差大的问题，就要在这样
的地方修建船闸。

例如，长江上的葛洲坝水利枢纽工程包括有电站、大坝、船闸等部
分。因修建电站而修建了拦江大坝，大坝把上、下游的水位差拉大，上
游水位高，下游水位低，这就造成了通航困难。人们想到了让船上"楼
梯"的办法，使航船能顺利上下航行，这就是建造船闸。

船闸主要由闸室、上下闸门及充水系统、放水系统、控制系统组
成。

当船向下游航行时，先将闸室充水，使闸室内水位与上游相同，然
后打开上闸门，船只驶入闸室，随即关闭上游闸门，再把闸室水放出，
随着闸室水位下降，船只也随水位下降。待闸室内水位与下游水位相
同时，接着打开下闸门，船只顺利驶入下游。当船只向上游航行时，闸
门的工作程序正好相反。

根据水位的落差不同，有的船闸是一级的，也有多级的。

著名的巴拿马运河的船闸是因大西洋和太平洋含盐量不同出现
的水位差而修建的。

河道、港湾、航标

在夜间乘船出海，你会看到港口的水面，或近海岸、岛的海面上有闪烁的灯光，这是为航船航行安全而设置的航标灯；有些内河航道也设置这种航标灯。

为什么要设置航标灯呢？原来，近海和港湾、港口附近地形复杂，有小岛、暗礁、沉船等；内河航道也有暗礁、沙滩等。这些不易发现的障碍物对行船构成了不安全因素。

设置航标，标明了近海的航道，指引航船沿着航道航行。这就好像公路上的交通标志线一样。

航标有多种形式。有漂在海上或江河上的浮标，也有固定在岸边、岛礁上的固定航标，还有灯船及无人灯船可任意开到某点布放。航标的颜色通常都是红色的，这种颜色容易识别、辨认。

为了使夜间也能看到航标，航标内设置了光源。航标灯、航标灯塔、航标灯船就是能在夜间指引航道的信号。

雾天为了使航船分辨航道，还需要设置电声航标，电声航标能在大雾天不间断地发出声音信号。

没有轮子的轮船

有许多人称现代的动力船舶为轮船。可是在轮船的外部却找不到一个轮子。这是怎么回事呢?为什么把动力船称为轮船呢?其实过去的轮船外部确有轮子。

唐代的李皋曾发明过人工踩动的"桨轮船"。"桨轮船"和人工划桨、风帆推动的船大不一样,所以,人们给它起了一个新名字叫轮船。

19世纪,美国的富尔顿发明了蒸汽机船,这种船不用人力,而是通过蒸汽机的动力带动船外部的轮子转动,轮子上安装了桨叶,这些桨叶向后拨动水,使水的反作用力推动轮船前进。轮船的发明被人们视作水上交通的里程碑。轮船这个名字一直传到现在,近200年来,人们还称现代的动力船舶为轮船。

现代船舶几乎已不再以蒸汽机为动力,而大都采用柴油机、电机为动力。最根本的变化,就是装在船两侧或后边的轮子被取消了。改用螺旋桨推进。这种推进方式,大大地提高了效率,使船的载重量、速度有了大幅度的提高。

汽车摩擦力

　　汽车为什么能在地面上行驶?你一定回答,因为它有轮子,是汽车轮子转动使车行驶的。这个回答是不准确的。汽车是靠驱动轮与地面的摩擦力(又叫附着力)产生的地面反作用力前进的。

　　我们可以举一个例子说明。如果在冰雪路面或泥泞路面,汽车就会发生打滑现象,只见车轮转动,但汽车却前进很慢,甚至原地不动,这是为什么呢? 这是因为光滑的路面使车轮与地面的摩擦力大大减小,地面对车轮的反作用力也就减小了,所以汽车的前进速度也减慢了。

　　我们可以这样想象,如果汽车荷载量小,再换上光滑的车轮,让它在光滑的路面上行驶,这样的汽车轮子转动再快,它还会跑得动吗?肯定不会,它只会在原地不动。

　　汽车之所以会自己跑起来,是发动机通过离合器、变速器及传动系统,把动力传给左右两个驱动轮。

　　驱动轮由于汽车载荷被重重地压在地面上,驱动轮转动和地面产生摩擦力,这种摩擦力使车轮对地面产生一个向后的推力,与此同时,地面对车轮产生一个大小相等、方向相反的反作用力,反作用力要大于汽车行驶阻力之和时(滚动阻力、上坡阻力、空气阻力),汽车就能前进了。

汽车的后轮驱动

　　汽车的发动机安装在前面，发动机通过传动系统把动力传到后轮，使后轮推动汽车前进。汽车为什么用后轮驱动呢?

　　汽车车轮与地面的附着力(即摩擦力)决定了汽车牵引力的大小，地面附着力又与驱动轮上的承重量成正比的。

　　汽车的承重量大都靠后些。如货车前部是驾驶舱，后部是装货车斗，客车也是后部乘客多于前部，这样后轮大约承重全车载重量的2/3,而前轮也就承重约全车载重量的1/3。

　　另外，在汽车前进时，由于惯性的作用，车上的重量自动地向后移;在汽车爬坡时，前部稍高、后部稍低,由于重力的作用,也使汽车的重量后移。

　　由于汽车后轮承重量大,那么后轮对地面的附着力也就大,所以用后轮驱动,它的牵引力也就大,汽车的后轮用作驱动轮是最合适的。

　　有的越野车，为了提高汽车爬坡及在路况恶劣条件下的地面附着力，设计者把前后轮都设计成驱动轮。

不一样的汽车轮子

所有的汽车都有轮子，汽车的轮子就是它的脚，有了轮子它才可以在路面上飞驰。

但是，你仔细观察各种汽车就会发现，它们的轮子并不是一样的，这是为什么呢？

各种汽车的功能、用途

及行驶的环境不一样，这就使它们使用的车轮也大同小异了。从外观上观察，汽车轮子的数量不一样，有的多，有的少。小轿车，中、大型客车，小轿货车，救护车等都是四个轮子；卡车、大型载重车都装有六个车轮，还有更多车轮的。

车轮的数量取决于车的载重量，为了减少轮子对地面的压强，也必须考虑增加车轮。

汽车轮子上的花纹也不一样。有的深、有的浅、有的宽、有的窄。图形也不一样，轮胎上的花纹因汽车行驶的环境不一样而有所不同，如在野外行驶的越野车的车轮，花纹深，条纹粗。

汽车轮子的高低也不一样，有的直径小不到半米，有的直径两米多，比人还高。

在平坦街路上跑的轿车等不需要直径大的车轮，车轮直径小，车的重心低，坐起来更舒适。但越野车可不一样，它需要较大的车轮，使它跑在坑坑洼洼的路上也不怕。

汽车上的散热器

汽车是靠发动机驱动的，而发动机是靠燃烧燃料而工作的。在发动机工作时，燃气会达到很高的温度，一般平均温度在800℃～1000℃，瞬间燃烧最高温度可达到2000℃以上。但是制造发动机的某些金属材料的熔点就在2000℃左右，这么高热的燃料势必会对发动机有所损害。为了保证发动机的正常工作，就必须不断地降低发动机的温度。所以，要在汽车上安装散热器，以及时地把燃料产生的热量散出去。

汽车上的发动机冷却系统，是水冷系统。在汽缸体和缸盖内做出水套夹层，水套夹层、水泵、散热器相连，形成一个闭锁循环水冷系统。

发动机工作时，产生大量热量使在水套里的水温升高，升温后的水流入散热器，经冷却后，又用水泵泵回水套。如此循环使水套中的水温保持在80℃～90℃之间。

为了加快散热器中水的冷却，散热器的后面装有风扇，以此来加速流经散热器的空气流速。制造散热器的材料、散热器的形状都是为加速散热而设计的。

汽车怎样刹车

正在行驶的汽车,如果要它停下来,司机就会用脚踏上制动踏板,汽车的驱动轮就停止了转动,汽车也就慢慢地停下来。

为什么汽车刹车时,要先让驱动轮停下来呢?汽车的四个轮子,前轮是导向轮,它起着平衡车身,引导方向的作用。这两个轮子可向左、右偏转,以引导汽车转弯;汽车后边的两个轮子是驱动轮,驱动汽车前进。驱动轮是靠发动机的动力转起来的,而导向轮则是在驱动轮推动的情况下前进的。

如果停止了驱动轮转动,导向轮没有了推动,自然也就会慢慢停下来;如果导向轮停止了转动,驱动轮仍然有动力驱动它转动,那么,就会仍然有推力推动前轮,这种推力会使汽车偏转方向,甚至使汽车倾翻。

另外,汽车的运动会产生一种惯性,这种惯性力会在停车后的短瞬间继续存在,把整个车辆继续向前推,如果前轮被刹住,后轮又在转动,惯性力、驱动力足可以把车推向纵向倾翻,也就是我们常说的翻跟头。现在,你明白了,汽车为什么刹车时,要先刹住后轮子吧。

小汽车后窗玻璃

高纬度的寒冷地区冬天会特别冷，小汽车的后窗玻璃容易结霜；有时也被外部的雪花黏着融化贴附在玻璃上。后窗玻璃被霜冰附着就会降低玻璃的透明度，甚至使玻璃失去透明。这大大影响了司机观察车后路况，会影响行车安全。

设计人员为及时消除后窗玻璃上的霜、冰，在玻璃夹层中，加入了电热丝。这种电热丝采用水平式布放。从外观上看，后窗玻璃就像有一条条细线，这细丝就是夹在两层玻璃中间的电热丝。

当寒冷的天气时，通电的电热丝发热，落在玻璃内外的水汽、冰霜颗粒会受热融化，并蒸发掉，保证了玻璃的透明度。

为了保证小客车的后窗玻璃干净，有的小客车装上了刮雨器。在雨雪天气时，刮雨器会刮掉玻璃上的雨霜。

照明灯的条纹

灯罩的功能主要是保护灯泡的，但用在不同地方的灯罩功能是不同的。汽车前照明灯的灯罩就具备两种功能：一是保护灯泡的功能，另一个功能则是散光功能，它会把经反射镜反射后的直射强光均匀地散在需要照明的地方。

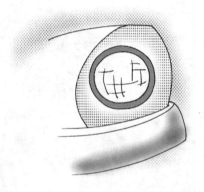

汽车前照明灯的灯罩看似有横竖条纹，这种灯罩利用透镜和棱镜折射的性质，把它们巧妙地组合在一起，因此具有将光线折射而分散的作用。灯泡前装上这种灯罩，汽车的前照明灯就会均匀柔和地照亮汽车前进的道路，同时也会照亮道路两旁的场景，还能照亮道路上方、旁边的交通标志、里程碑等。驾驶人员会清楚地看到路面状况，也能看到旁边移动的其他人和物体，这为汽车夜间快速行驶带来了方便。

如果没有这种灯罩，而只用普通的玻璃灯罩，那经反射镜反射照向前面的灯光，只能照射汽车前面的道路，而照射不到路边和上方，因此驾驶人员很难看到路边的可移动目标，这对汽车行驶的安全构成了危险。

另外，直射的光很强，照亮的地方和没照射的地方形成较大的明暗反差，驾驶人员长时间地观察明暗反差大的地方就会产生视觉疲劳，这也是对行车安全不利的。

飞驰的越野车

一般的汽车适宜行驶在平坦的公路上，但有时遇到坎坷不平复杂的路面或泥泞没有公路的地方，这种车行驶起来就极不方便，甚至无法行驶。如小轿车、普通的卡车都不便在复杂的路面上行驶。

越野车是专为行驶在复杂路面而设计的，它在路况差的道路上也能如履平地般飞驰。

越野车使用的发动机功率较大，往往都是前、后轮同时驱动。越野车的轮胎高大、轮胎的花纹粗深、有较强的地面附着力。越野车的车体距地面有较大距离。这些特点都使越野车在野外行驶中克服路况复杂时显露出优势。

当越野车在泥泞的路面行驶时，不会因前轮或后轮陷入泥坑中而不能自拔。强大的四轮驱动会使汽车轻易驶过泥坑。

越野车的这种特点和优势决定了它适宜野外行驶，所以一些军车都采用越野车，一些工程用车也都采用越野车。例如修建水利工程运沙石，修筑公路运水泥，以及野外管道、电缆施工用车多采用越野车。

停用含铅汽油

在汽车发展初期,汽车上的发动机常发生爆震现象。爆震现象使发动机产生震动,就会发生汽缸损坏、功率下降等故障。汽缸爆震影响了汽车的发展。后来,有人发现将少量的四乙铅掺入汽油中,可以解决汽缸爆震现象。这种含四乙铅的汽油火焰传播速度,从原来的每秒1500~2000米,降为每秒10~20米,因而能保护发动机长时间的正常运转。

使用含铅汽油,解决了发动机爆震问题,促进了汽车业发展。然而,汽车尾气排放物中,不但有一氧化碳、碳氧化物等数十种有害气体,而且还增加了四乙铅这种对人毒害更为严重的排放物。

据医学研究证明,四乙铅除有较强的致癌作用外,还会引起脑中毒,特别对儿童的智力有严重损害。这一新的污染问题引起了人们的关注,又一次开始研究解决发动机使用四乙铅产生的新问题——消除汽车尾气污染问题。

20世纪60年代,德国大众汽车公司首先使用了电喷发动机技术,美国也发明了三元催化净化尾气装置,接着,加氢裂化新工艺的应用,使炼油业有可能更多地提供不含铅的高标号汽油。这些技术使无铅汽油得到了更快推广。

20世纪70年代,美国开始停止使用含铅汽油,90年代的一份调查材料表明,美国人血液中的铅浓度降低了78%。现在许多国家都停止了含铅汽油使用。

汽车卷起灰尘

当汽车行驶时,汽车尾部的灰尘会卷起,这种现象是我们经常看到的。汽车后边的这股风是哪儿来的呢?你一定知道空气是占据空间的,空气是有体积的,空气是有重量的,你也许还知道空气流动形成了风。汽车过后,尾部会扬起灰尘,就是和上边说的道理有关系。

空气占据空间,当汽车行驶时,汽车会把空气占据的空间"抢"过来,把空气挤向汽车的前边和两侧,这个空间由汽车占据。当汽车开过去时,汽车占据的空间便腾了出来,这时旁边的空气又会流动过来,补充占据这个空间。汽车一走,空气一流动,汽车的尾部就形成了一股风,风吹起了地上的灰尘。

我们看到船舶在水上行驶时,也有类似的现象,特别是在水中更为明显。船舶过后,尾部掀起了浪花。这是液体占据空间,船过之后,旁边的水涌进了这个空间产生的。

小汽车、大客车的后面窗户都是密封的,这是为了防止车驶过后吸入灰尘而设计的。

飞行汽车何时飞

随着汽车的发展,人们不满足汽车的速度,也不满足它的灵活性。比如遇到了道路堵塞,遇到了桥梁损坏等情况就会使车辆无法前进。这时,人们就幻想让汽车插上翅膀飞过去该多好啊!于是有人开始研究飞行汽车。

飞行汽车实际上是一个飞机和汽车功能的结合体,具有飞机的飞行和汽车在路面行驶的功能。既可以从这个城市飞到那个城市,又可以在城市路面行驶,真是方便极了。这种设想和构思极富创造性。但是,设计和制造确实有许多技术问题难以解决。

1917年,美国科迪新飞机公司生产了一架汽车飞机,在航展会上展出时引起了轰动,令参观者大开眼界,但不久在试飞中,因性能太差而遭到淘汰。以后,又有许多人研制了不同类型的飞机汽车。美国人富尔顿研制了一种可拆卸的飞行汽车。在飞行时,装上螺旋桨、机翼、后机身和尾翼。在路面行驶时,把螺旋桨、机翼、后机身和尾翼拆除存放在机场。如要再飞行,可把汽车开回机场,再装上拆除的配件。显然,这带来了不少的麻烦。还有一种飞行汽车,把拆除的配件装在一个斗里,汽车在路面行驶时拖挂着这个车斗,如果起飞可随时装上配件。还有一种是把汽车的外形制成类似机翼的形状,具有机翼的气动性能,在飞行时,汽车两侧再伸出一段机翼以增加升力。

不管是什么形式,飞行汽车都不会成为最优的飞行性能和最优的路面行驶性能的完美结合体,所以,飞行汽车暂时还不能达到实用阶段。

大型平板挂车

你听说过用车辆运载火箭吗?也许你在电视、电影或图片上看过车辆运载火箭吧。

一些特大的机械、构件、火箭等是怎样搬运、运输的呢?这就要用专门的特大平板挂车运输。大型平板挂车很长,有的达几十米长,车的宽度也比普通火车、汽车宽。大型平板挂车本身没有动力系统,要靠马力巨大的牵引车牵引。大型平板车载重量很大,可以装载几十吨,甚至几百吨的大件货物。

大型平板车为什么能装载这么重的货物呢?大型平板车有许多车轮,甚至达到几十个、上百个。由于车轮多,车上的重量均匀地分布在每个车轮上,这样才能使车轮对地面的压强减小,不至于把车轮压坏,也不至于把路面压坏而使车轮陷进地里。如 150 吨的平板货车有 56 个车轮,而这些车胎都是加强轮胎。为了保证运输的安全,使挂车安全转向,平板挂车只有一组固定车轮轴架,而前后车轮轴架都可转向。大型平板挂车的轮轴系统还装有液压系统。

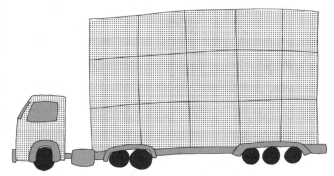

汽车促进相关产业

电子技术和计算机技术的发展，为汽车的发展提供了广阔的空间。现代汽车、公路有许多地方都采用了电子产品和计算机产品。这些设备使汽车、公路更加智能化。

为了缩短汽车设计周期，设计师们常用计算机辅助设计。为了多快好省地生产汽车，更大地提高生产效率，汽车制造厂的管理，厂房里的设备、机床、机器人都是用计算机控制的。

现代的各种汽车上，电子产品、计算机产品更是多得数不清，最新型豪华的小型汽车上仅集成块就有1800个。这种车驾驶简易，乘坐舒适安全。汽车上有指纹识别系统，除了车主本人，别人不能开动这辆车；汽车上装有雷达防撞系统，无论雨天、雾天、黑夜、白天汽车都能顺利避让各种障碍；汽车上还安装有无线电导向系统、电子地图、卫星定位系统，这些系统和计算机相连，只要你发出指令，汽车就会按你的指令选择最佳路线，用适当的速度和最短的时间把你送到目的地。

汽车上的各种运行状态都会在小屏幕上反映出来，并有语言提示，各种仪表一概省略。由于汽车、公路的发展，为电子产品、计算机产品找到了大市场。因此，汽车的发展促进了电子、计算机产业的发展。21世纪，汽车将是电子、计算机的最大市场。

无人驾驶的汽车

无人驾驶的汽车是一种智能汽车。它是一个听话、有眼睛、有大脑的汽车，所以不用人动手、动脑、动眼去驾驶，完全可以按你的指令，把你送到目的地，为你服务。

智能汽车是与计算机技术、传感技术、语音识别技术、卫星导航技术等高新技术结合的产物。汽车上装有许多电子元件，汽车上有导向系统，导向系统会把交通指挥中心的信息接收下来，并自动选择最佳路线；汽车上的防撞系统依靠雷达装置可以避让任何障碍物。无论是黑夜、白天，还是雨天大雾，它都"看"得清路况，并指令车速或快或慢，或转弯或直行。汽车上装有监控设备，汽车的油量、电量、车速、行程监控全部自动化。如果出现问题，例如电瓶电压接近最低限，它会告诉你；燃油不足，它也会提醒你。

汽车上装有语音识别系统，根本不用什么车锁，因为它只听你的指令，别人是开不走的。这种汽车对没有驾车经验的人、残疾人更为适用。

如果你坐这种车，只要上车后，说声"回家"就可以了，它会安全、快捷地把你送回家去。

赛车促进汽车业

汽车赛车活动场面气氛热烈、惊险，富有刺激性，因此受到了人们的喜爱。汽车厂商、设计人员、制造者、车手都非常重视汽车赛车活动，广大群众也青睐汽车大赛。

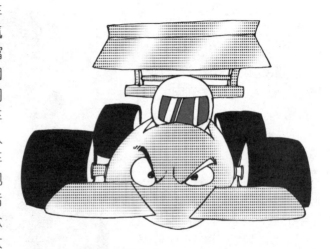

汽车赛车是一种鼓舞人心，非常吸引人的宣传活动，它简直就是一个活生生的广告。汽车赛展示了汽车设计、制造等方面的最新技术成果，同时也刺激人们研究、开发汽车新技术和购买、使用汽车的欲望，这无疑对汽车业的发展起到了促进作用。

汽车大赛刺激了汽车技术的研究和开发。汽车赛不仅是车手比试勇敢、智慧、娴熟技术的形式，同时，也是各汽车厂商高科技技术的竞争。为了展示自己的实力，各大汽车公司都争相推出设计新颖、性能优良的新型赛车。汽车大赛中充分显示了各大汽车公司、厂家或国家汽车研究的最高水平，同时也综合性地反映了汽车研究队伍、工程技术人员，乃至汽车制造工人的技术素质。

铁路钢轨无缝化

　　物体的热胀冷缩性质谁都知道。因此,在铺设铁路钢轨时,一般都用 12.5 米或 25 米的钢轨连续铺设,这样两根钢轨之间就有一个缝隙。有了这个缝隙,钢轨热胀冷缩就不会变形,只是热时钢轨伸长缝隙变小,冷时缝隙变大。但因钢轨之间有这条缝,列车跑起来就会因车轮撞击钢轨接头处而产生噪声。同时也加快了钢轨和车轮的磨损,以致增加维护费用。由于有这条缝隙,列车的速度也受到了影响。

　　为了提高列车的速度,减少列车的震动和噪声,使列车更加快捷、舒适,有人开始研究铁路无缝化的技术。1935 年世界上第一条无缝化铁路在德国诞生。几十年后,这项技术已推广到全世界,中国也于 1951 年开始采用这项技术。

　　无缝铁路是用焊接的方法,将钢轨接头处焊接在一起,使钢轨尽量减少缝隙。这样就可以减少车轮冲击钢轨接头的次数,以提高列车速度、减少噪声。为了克服热胀冷缩给长钢轨带来的变化,枕木改为水泥制造。

　　无缝铁路上的长钢轨的两边,用钢轨联结零件和防爬设备加以强制性固定,其他部分采用中间联结零件和防爬设备,使之紧紧固定在钢盘混凝土轨枕上。无缝钢轨长达数百米,有的达数千米。

站台上有安全线

当我们在站台上等待列车时，就会看见站台的地面上，画有一道白色的安全线。这条白色的安全线警示旅客，请您站在白线外边候车，不要超过白线。如果超过白线，当火车进站时，担心您由于心里紧张、人群拥挤或火车冲击空气使您摔倒而发生危险。

火车在前进时，列车前边的空气占据着空间。当列车冲过来时，列车前的空气被列车排开，失去空气的空间，马上又会被四周的空气补充过来。这就是列车开动时，常常有一股风的缘故，所以快速的列车旁边的空气，总是跟随列车以很高的速度流动。而距火车较远的地方的空气却是静止的，那里的空气密度比流动的空气密度大得多，因此静止的空气比快速流动的空气压强大一些，据研究测试，每小时50千米速度的列车，大约有8千克的力量从列车两旁推向列车，如果人站在这里就会被这种压力推倒。列车进站时虽然没有这种速度，但当你心里紧张，或受到人群的拥挤，已经不能站稳脚跟的时候，稍有外力你都有可能摔倒。所以这是很危险的。如果你在铁路旁边行走，当列车快速驶来时，那就更加危险了，你必须远离铁路，或者蹲下以防意外发生。

火车要走钢铁路

　　火车是重量很大的交通工具。它由钢铁制造,本身自重就很大,有几十吨重,载重量也很大,也是几十吨重。这么重的火车重量由不多的车轮支撑着,这几个车轮对地面的压强非常大。如果没有钢轨,火车的车轮直接触地,火车的轮子会陷入地里,火车在一般公路的路面上行驶,也会把路面破坏。

　　坚硬的钢轨及枕木、路基,可以承受火车的重压,火车只有在这样的钢铁之路上,才能行驶。另外,钢轨是光滑的,火车的钢铁车轮也是光滑的。这可以减少滚动阻力,以利于提高火车的速度。那么重的火车,车轮与路之间形成的摩擦阻力、滚动阻力都会很大。如果火车在钢轨上行驶,滚动阻力就会降低。

　　钢轨的铺设、火车车轮的设计,使钢轨具有导向性,火车只能沿着钢轨行驶。两条钢轨之间有一定距离。而车轮的内侧都有轮缘。同轴的两个车轮和钢轨相配合,车轮只能沿两条钢轨行驶。

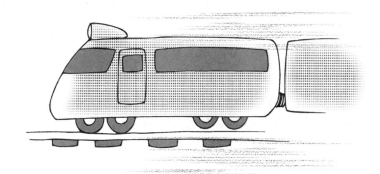

车轮都要装轴承

凡是行驶的车辆都有车轮，而车轮都要装上轴承。为什么车轮要装上轴承呢？其实古代的人力车轮是没有轴承的，因此这样的车辆很笨重，载重不大，速度也不快。如：那时的战车需要几匹马拉动，车轮直接装在车轴上。后来，由于科学技术的进步，人们发现滚动所产生的摩擦阻力远远小于滑动摩擦阻力。例如：你用手推动一个箱子觉得很费力，但如果把箱子底下垫上几根平行的铁管，推起箱子就省力多了。人们常用这种滚杠的方法搬移重物，这就是滚动摩擦阻力小的应用，一般滚动摩擦阻力仅是滑动摩擦阻力的1/40～1/60。应用这种理论制造出的轴承，装在车轮上，就会使车辆行驶轻便多了。因此，就会带来车辆载重量增加，速度加快的好处。轴承装在车轴上，轴承的外部就是车轮。车轴和轴承里的滚珠是滚动摩擦，同时滚珠又和滚球外的滑道也是滚动摩擦，于是车轮的转动会十分灵活。所以，无论是自行车、汽车、火车的轮子都装有轴承。

火车上的电

火车上有许多用电设备,电灯、电扇、空调、广播及餐饮用电等。这些用电设备是从什么地方取得电能呢?

电力机车从架空输电线上得到从电站输送来的电能;内燃机车则不能从输电线上得到电能,因此,必须在列车上发电。按供电方式分为集中式供电和分散式供电两种:集中式供电的列车专门有一节发电车,这节发电车是由发电机、柴油机组成,柴油机带动发电机发电,通过输电缆输往各节车厢供给照明、空调及其他用电。分散式供电是在一部分车厢安装车轴发电机和蓄电池。这种发电机通过皮带与车轴连接。列车前进车轴转动,车轴转动通过皮带带动发电机发电。电流输向各种用电器,同时把剩余的电能储在蓄电池里,待列车进站停车时蓄电池继续供电,这样列车在前进时、停车时都可得到供电。这种供电方式可节省能源,利用了列车前进时的动能通过发电机转变为电能。

车轴发电机发出的电是有限的,只能供两节车厢的正常用电。为此,在进行列车编组时,要把有发电机的车厢和没有发电机的车厢按间隔编组。

冷藏列车能保鲜

为了运送鲜活食品，人们研究了一种保鲜的特殊列车，这就是冷藏列车。为什么冷藏列车能保鲜呢?

冷藏列车就是一个安上轮子的大冰箱，或是一座有制冷系统的保鲜库。自冷藏技术出现不久，就被人们应用到交通工具上，货船上、汽车上、列车上都先后采用了冷藏技术，为运送鲜活食品创造了条件。有了冷藏列车，就可以把产地的鲜活食品运送到远方，使远离鲜活食品产地的人也可一饱口福。

冷藏列车有加冰冷藏和机械冷藏两种形式。早期的冷藏列车都是加冰冷藏，在封闭的冷藏车内加上冰块，用冰来降低车厢内的温度，使车厢内的鲜活食品不变质。这种冷藏方式很麻烦，车厢内温度也不易控制。

自人工制冷技术应用后，列车冷藏也开始采用这种技术。现代的冷藏列车像一个会走的冰箱，车厢外部都做了隔热处理，外部的热量不会传入车厢，车厢内的低温得以保持。冷藏列车内设有压缩机、冷凝器、膨胀器、蒸发器等制冷设备及电脑自动调控温系统。

铁路的碎石路基

　　火车奔驰在钢铁大道上。两根钢轨铺设在枕木上,枕木又铺在碎石路基上。铁路为什么用碎石做路基呢?

　　钢轨承受着巨大的列车重量,只靠两根钢轨承受这么大的重量是不可能的。设计人员想了一个办法,那就是设法把重量均匀地分散到地面,这样就能降低列车产生的压强。

　　把钢轨铺在枕木上,枕木又铺在碎石路基上,火车的重量分散传递到枕木上,再分散传送到碎石路基上,这样压强会大大降低。钢轨铺在枕木上,用道钉固定,使两条钢轨保持一定距离,不会因列车行驶产生的震动冲击改变轨距,保证车轮在钢轨上行驶。

　　路基还有一个重要作用,由于枕木周围都填满了碎石渣,对枕木的高度、定位起到固定、强制作用,使枕木保持一定的高度和位置不致左右横移或高低不一。

　　总之,钢轨、枕木、路基组成了铁路,这种方法才能承受火车的重量,使列车能平稳地飞驰。另外,碎石路基具有很强的渗透性,这对路基的排水也很有好处。

火车刹车最困难

各种交通工具不仅要行驶,还要制动。就是当到达目的地时要停下来,遇到特殊情况还要紧急停下来。

汽车、火车这些陆上车辆的制动性能,是保证行车安全的一项重要功能。当车辆行驶时,车辆克服了各种阻力向前行驶;如果让它们停下来,就得关掉动力,让飞转的车轮停止转动,车辆才会停下来。可是运动的物体会产生惯性,运动速度越快的物体,产生的惯性越大;质量越大的物体产生的惯性越大。物体运动的动量等于物体的质量和它运动速度的乘积。

汽车的自重和荷载并不很大,几吨、几十吨或上百吨而已,各种车辆中火车的自重和荷载可谓最大了。

一列火车有几十节车厢还有机车,每节车厢的自重和荷载都在几十吨以上,全列车的自重就更大,可达到数千吨,这么重的物体高速前进,它的惯性产生的动量可想而知。让它立即停下来可算是很困难的事。所以火车刹车最困难。

火车上的刹车装置是每节车厢、每个轮子上都有,全列车的刹车装置连在一起。火车刹车的过程是先减速,以减小惯性,然后再刹住。不过在紧急情况下刹车也不能立即刹住,紧急刹车后,火车还会滑行几百米才停下来。

铁路桥的护轮轨

如果你观察通过桥梁的铁路路轨时，会发现在紧靠线路轨的里面，还有一根和它平行的钢轨，左右两根线路轨都是如此。这就是护轮轨。顾名思义，护轮轨是为了保护列车车轮，在线路轨上正常行驶而铺设的。

铁路大桥都是架设在较宽的江面、河面上，或者架设在较深的峡谷上。如果列车在这样大的桥上出现脱轨事故，那灾难简直是极悲惨的。它不像列车出轨在平常地段，只是造成列车倾翻而已，而是会冲出大桥跌落至波涛翻滚的江中，深深的谷中，甚至会损坏桥梁，造成巨大的人员伤亡和经济损失，同时也会给救援带来极大的困难，所以，桥梁的行车安全更为重要。

护轮轨紧挨路线轨的内侧，两条路线轨内侧都有护轮轨。万一列车车轮在桥上出轨，护轮轨就可以阻止列车横移，不至于使列车冲出路轨。例如：当列车右边的车轮落到线路轨外侧时，左边的车轮也跟着向右横移，这时，在边路线轨内侧的护轮轨，就会阻挡车轮向右横移，使列车脱轨落在路基上，不会因横移而冲出桥面。

蒸汽机车退役

火车自发明上路以来已有近 200 年的历史了。火车刚问世时，那是名副其实的火车，因为机车的动力是蒸汽机，火车开动起来喷烟吐火。

火车的蒸汽时代历经了 100 多年，为社会的经济发展做出了历史性的贡献，而文明交通的先驱者——蒸汽机车，在完成历史使命后，逐渐地退役，开进了交通历史博物馆。为什么蒸汽机车从铁路上退役了呢?到了现代，科学技术迅速发展，柴油机、大型电机纷纷问世，还有磁悬浮等高新技术的驱动方式也陆续亮相。蒸汽机车比照它的子孙们，内燃机车、电气机车、磁悬浮列车等，那可是太逊色了。蒸汽机车污染严重，浪费能源，速度低，上水、上煤运行操纵麻烦。

现代人们对交通提出了更高的需求，要求快捷、舒适，不污染环境等。蒸汽机车满足不了人们的需求。而新型的各种列车能为人们创造时速几百千米的高速度，为人们提供操作运行自动化，创造了绿色交通。这就使人们对蒸汽机车失去了兴趣。蒸汽机车退出铁路是科学技术发展的结果。

铁路货物运输

以前,铁路货物运输是由手工作业来完成的,这种作业方式繁重、复杂,货运效率受到限制。自电子计算机技术、电子自动化技术的发展,促进了铁路运输的自动化进程,大大地提高了铁路货运效率。

对货物情报的处理,用计算机技术处理会提高几倍工作效率。如对货主的货运计划、收费,对货运列车的发站、到站、编组等列车情况,都用计算机处理。车站的货运计划编制也可使用计算机,根据货流情况、铁路运输设备能力,科学合理地编制货运计划。

车站对货主的运输需要,如运输货物的类别、时间、到站、数量等基本情况,都要及时掌握、联系,以便编制运输计划,安排运输。计算机可以把这些资料存储起来,以备随时调用。

现代铁路运输自动化,还需要运输设施、仓储、装卸设施的自动化。仓库自动化包括有货物的存储实现立体化,立体化仓库的货物搬运、分拣等设备都是由计算机控制的。集装箱的广泛使用,提高了货物装卸效率,集装箱的编组、装卸也都是自动化的。

线性地铁

线性地铁是 20 世纪末出现的一种新型地铁,这种地铁比照传统式地铁运行速度快,建设造价低,受到了各国的欢迎。

线性地铁靠线性电机驱动,这种线性感应电动机和普通旋转型电动机的结构不一样。

普通旋转型电动机是定子在外,转子在内,定子包围着转子,转子做旋转运动,这种旋转型电机被广泛应用在机械及地铁、电气列车方面。

线性感应电动机的结构是把旋转型电动机展开,转子展平,定子在转子上面做直线运动,这种线性感应电动机在 20 世纪六七十年代研究成功。不久被美国、日本等应用到地铁列车上。因此,应用线性感应电动机为动力的地铁就叫作线性地铁。

这种线性地铁具备很多优点,它的结构简单,线性地铁把线性感应电动机的定子安装在列车上,而转子则用一条感应轨铺设在两条道轨之间,转子和定子之间的磁场作用,直接拖动列车前进。列车的前进、减速、加速、制动都可以用控制电流的强弱来完成,不需要有运转减速和其他制动装置,减小了列车的重量及体积。这种列车的爬坡能力也很强。美国实验的线性地铁时速达 400 千米,日本的线性地铁于 1990 年开始运营,时速达 70 千米。这种地铁是城市公共交通中新崛起的一族。

直线行驶的列车

一般的交通工具都可自由拐弯转向，行驶到人们意愿到达的地方。但正在研制的未来的高速交通工具——行星列车却不然，它必须直线行驶。所谓行星列车是美国、日本科学家正在研制的真空磁悬浮超音速列车。这种列车在地下的真空管道中运行，时速可达 2.3 万千米，约是音速的 20 多倍，比目前的交通工具都快，如果穿越中国大陆，无论是从东到西，还是从南到北，只需 0.4 个小时左右，比飞机快得多。行星列车行驶的地下隧道一般开在地下几十米深处，最深的要达 1000 米。管道直径在 12 米左右，一般要同时铺挖 2~4 个管道，用强大的气泵把管道抽成真空。

行星列车在这种真空管道中运行，由于大大减少了空气的阻力和摩擦力，所以列车行驶速度极快，而且能量损耗极少，相当于飞机的 2%~3%。

行星列车由于速度快，所以必须行驶直线。这是因为如果在高速运动的列车转弯时，就会因转弯产生的离心力使列车出轨发生事故。

行星列车还有许多优点，它不会产生噪声、废气和超音速所带来的冲击波，不占据地面空间等等，估计这种列车在 21 世纪中叶将会问世。

铝合金车厢

　　为了提高列车的速度,使列车乘坐更加舒适,技术人员从各个方面不断改进列车的设计。其中列车的轻量化就是重要的一个方面。列车的重量减轻,在同样的动力条件下,就可以提高列车的运行速度,使列车更加快捷。

　　铁道车辆车体轻量化,主要是通过采用不锈钢或铝合金代替传统的碳钢、耐候钢来实现的。特别是铝合金材料更受到人们的欢迎,所有高速车辆的车体、外壳几乎都采用铝合金材料制造,这种铝合金车体轻便,表面光滑美观,它的重量仅相当于钢结构的车辆的2/3左右。铝是一种储量非常丰富的矿藏,在金属矿藏中高于铁的藏量而居第一位。铝合金的加工工艺更有利于实现自动化,以提高生产效率。铝的性质活泼,空气中铝合金表面会形成一层致密的氧化铝的保护膜,有很好的防腐蚀能力,铝合金的防腐能力大大超过碳钢。经过涂装的列车车体防腐能力更加增强,可延长维护时间。同时也可改善列车行驶时的空气动力性能。

上、下坡的重力列车

我们走路时,走平道轻松愉快,爬坡、下坡都觉得费力,这是为什么呢?原来是人体本身重力带来的麻烦。一个物体,特别是球体可在坡顶自动滚下坡底,这也反映了重力现象。

一般的铁路修在比较平坦的地方,主要是为避免爬坡、下坡而损耗功率、浪费能源。现在,科学家们从重力现象得到启示,正在研究利用重力推动列车前进的方法。

正在研究设计的重力列车,是利用列车在下坡时的重力,使列车从坡上到坡下自动前进;到上坡时,利用列车重力的慢性冲上坡顶。不过这样的重力列车是多项高技术的综合,并非像我们想象的那样容易。

重力列车必须用计算机控制,只有计算机才能对上坡、下坡的坡度、列车自重、重力大小迅速做出反应并控制列车。重力列车上坡时,本身的重力能量是不够用的,同时重力列车启动时也要能量,如何解决也是一项高技术问题。科学家们设想,利用机车下坡时重力过大,有剩余的能量这一条件,把重力通过能量转换驱动发电机转换成电能,再送回电网或用蓄电池储存以备上坡时用,因此重力列车不再用其他燃料电能(或只用少量的电能)。如果没有坡道,列车就没有了重力能量,也就不能前进了,所以重力列车必须修在有坡道的地方行驶。

火车叫声不一样

你听见过火车在鸣叫吗?火车的鸣叫声音一样吗?为什么火车鸣叫的声音不一样?

火车的鸣叫声也是一种信号,有人说那是火车在说话,是火车在传达某种信息。过去火车是用蒸汽机车牵引的,火车用汽笛发出"呜呜"的声音;现在内燃机车和电力机车用风笛发出"哞哞"的声音。你仔细听火车的鸣叫就会发现,火车的叫声是不一样的;有时长鸣,有时短叫,有时有长有短,有时先长后短,有时先短后长。

火车长啸,表示的意思挺多,在进站时一声长啸表示火车即将进站,以引起站内的人们注意;当要离站时,长啸一声表示火车即将启动;在火车行驶中,遇到前方有道口、桥梁、隧道时,也要长啸一声,以引起过往车辆行人的注意。火车叫两声的时候并不多,大都是在车站调车时,火车需要后退开倒车,这时,火车会鸣笛两声,以便让后边的人引起注意,好像在说:"请机车后边的人让开,我要倒车。"

火车在行驶中如果发现线路危及行车安全,如:因水灾冲毁了路轨或桥梁,列车被困,火车就要发出呼救求援,这时火车就会长叫一声后,连续叫三短声。同时,过后还连续短鸣发出报警信号。

罐 车

　　我们常见到马路上跑的洒水车，盛装水的容器是圆筒形的，消防车后面盛装水的容器是圆筒形的，油罐车后面的油罐也是圆筒形的。被我们称作油龙的原油运输列车上，也安装着圆筒形的油罐。

　　为什么交通工具上运输液体的容器都采用圆筒形呢？这主要是因为，圆筒形的容器强度大，不容易损坏。交通工具在行驶时会产生震动，当震动时，容器里的液体也会随震动产生水击现象，就是水不时地撞击容器内壁。圆筒形容器各处所受的力均匀、对称、圆滑，所以不易损坏。如果做成方形容器，就会出现棱角，棱角处受到的水击就比较严重，这些地方就容易损坏。圆筒形容器还可以省省材料，加工也较其他形状容易。

　　两块同样大的材料，分别做成圆筒形和正方形体的两个容器，圆筒形的容器比正方体的容器容量大。

　　圆筒形的容器焊接缝也比正方体容器焊接缝短、少，这就减少了加工难度。

公路也分等级

我们常听说一级公路、二级公路等。为什么公路要分等级呢？

数不清的公路纵横交错，形成了一个国家的公路网络，有的贯穿城市，有的连接城乡。由于连接地点和途经地域的不同，因此交通流量也有大有小。那些连接大城市的道路比县与县之间的公路流量要大得多。这样公路网中就有干线、支线、乡间公路之分。

根据公路在社会政治、经济、国防中的作用，同时也考虑公路交通流量，人们把公路分成了等级，根据需要各等级的公路也有工程建设的技术标准。

中国的公路按交通流量及其使用目的、性质不同，将公路划分为五个等级，高速公路，专供高速汽车行驶的公路，具有特别重要的政治、经济意义，年平均昼夜汽车流量为 2.5 万辆以上。

一级公路连接政治、经济中心，通往重点矿区，年平均昼夜汽车流量为 5000～2.5 万辆。

二级公路连接政治、经济中心、矿区的干线，年平均载重汽车昼夜流量为 2000～5000 辆。

三级公路沟通县与县以上城市的干线，年平均昼夜载重车流量 200～2000 辆。

四级公路，沟通县以下乡镇的支线公路。

公路翻浆现象

春风送暖，冰雪消融，一派生机勃勃的景象。这时，乡道、砂石路等低等级的公路有时就会出现翻浆现象；有的地方出现了下陷，有的地方出现了车辙。为什么在春天里低等级的公路会出现这种翻浆现象呢？

道路是由砂石铺在地面上修建的，路基是由土壤组成的，土壤里含有一定水分，土壤中水分含量的大小影响到土壤的软、硬程度。当土壤中的水分含量小时，土壤就比较硬实；水分含量大时，土壤就会变得松软，甚至变成黏稠状。

冬季，气温开始下降，地下水不断从下面向上移动。当地面结冰时，土壤中的水分也被冻结，并不断向地下延伸冰冻层。北方的寒冷地区，在冬季冰冻层可达1米多深，在冰冻层里积蓄了大量的水分形成的冰。到了春天冰雪融化的季节，气温逐渐升高，这时冰层开始从上至下融化，路基土壤的上层结冰已化成水分，但下层仍然没有解冻，融化的冰水不能及时地下沉到地下，这些土壤的含水量就会不断加大。如果遇到挤压等外力，水又会向某些地方集中，当路面重载时，这含水量大的、变软了的土壤就会被压出坑洼，于是就出现了翻浆现象。

高等级的公路都有高高的路基、排水系统使路基土壤保持规定的含水量，而且采取铺防水层等技术措施，所以高等级公路很少有翻浆现象。

最难修的公路

中国的青藏高原是世界上最高的地方,被人们称作世界屋脊。过去这里没有一条像样的公路,当然也没有铁路,也没有航运(空运和内河航运)。

近几十年来,开通了空运,同时大规模地修建了公路,其公路里程已达 2.53 万千米。在世界屋脊上修筑公路其难度是巨大的。恶劣的自然环境为筑路带来了许多不便。

青藏高原平均海拔 4000 米,高原多山谷河川,有冰山、有雪山,地质条件非常复杂,泥石流、山体滑坡、雪崩等地质灾害频发,在这里修建公路大都是绕山修建,公路蜿蜒曲折,因此修建起来非常困难,有的路段山体极不稳定,风化的岩石随时有滚滑坡下的可能,因此在修建时无法使用爆破、机械挖掘等,而只能用人工挖掘前进。

青藏高原气候复杂,气温低、气候多变,太阳紫外线辐射强烈;由于海拔高,空气稀薄,因此大气中的含氧量仅为平原地区的 40% ～ 50%。这些气象条件给施工人员的身体带来很大的损害。致使一些人出现高原反应,大大降低了劳动效率。据有关部门统计,在建设青藏公路的施工中平均每一千米就有一人献出了宝贵的生命,所以有人称青藏公路是生命铸就的金光大道。

公路电子收费站

高速公路都设有收费站，这些收费站对来往车辆使用高速公路进行收费。收费站设置活动拦阻杆，一辆辆汽车排队交费后通过收费站。一旦车流高峰时，车辆会排成长串，甚至使交通拥堵，这种人工收费方式影响了高速公路的通过能力。

1996年10月，世界上第一个高速公路多车道电子收费系统在奥地利正式启用；1997年德国的波恩和科隆之间的高速公路上也设置了10个电子收费系统，以后日本、美国等一些发达国家的许多高速公路都设置了这种系统。

高速公路电子收费系统，是在车辆前挡风玻璃下方装有一台微处理器，微处理器上插有一张非接触式IC卡，IC卡内存有一定金额。当汽车通过收费站时，汽车不需要减速可直接通过，收费站里的专用摄像机就会将车型、吨位记录下来，并发出信号，从车上的IC卡中扣除应缴款项。如IC卡中金额不足，摄像机将欠款的或闯关的车号拍摄，记录下来，随后这些车主将收到欠款单或罚款单。

这套电子收费系统完全省去了人工操作的程序，可以节省收费站的管理人员，还可以使高速公路的通过能力大大提高，使车速也有所提高。

高速公路并不直

我们知道,从一点到另一点的最短距离就是两点间的直线段。如果从甲地到乙地修筑高速公路,那么修一条直线路是最短的距离,这样可以节省行车时间,既经济又快捷。但是,高速公路却不能这样选线修路,这是为什么呢?

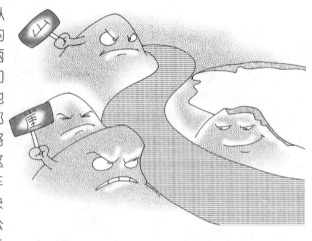

实际上,在修建高速公路时,会遇到山、坡、谷、河等各种各类的地貌,如果采取修直线段的选线,势必会遇到许多修筑的困难,因此必须选择经济的路线,这就要考虑公路沿线的经济发展需要、地形、地貌、施工技术、工程造价等诸多复杂的因素,全面综合地选择道路的走向。基于以上考虑,很长的、笔直的路线就不可能被选中。

另外,高速公路是高速车辆行驶的快捷道路。驾驶人员在平宽的高速公路上驾车,如果长时间行驶在直线段路面,会导致疲劳。也因过长的直线行驶,使司机精力放松,导致注意力分散,这对车辆的安全是不利的,所以高速公路没有很长的直线路线,而大都采取大半径平曲线路线。

高速公路没有急弯

　　高速公路宽阔、平坦，没有过急的弯道，为车辆提供了极好的行驶条件，行驶在高速公路上的车辆才能安全、快速行驶。那么，高速公路为什么没有急弯呢？

　　在运动场赛跑的运动员，当进入弯道时，他必须将身体向内侧倾斜，否则就会因离心力作用而摔倒。当飞快行驶的汽车随弯路的转弯时，也会产生离心力。而离心力的大小取决于车辆的速度，当速度越大时，其离心力越大。车辆的车轮和地面有摩擦力，如果车辆倾斜时，一边的轮子就会因离地而失去摩擦力，另一边的车轮仍然有摩擦力，车辆受离心力的作用就要向外翻倒，造成严重的安全事故。如果车辆在急弯时减速，车辆因减速会使离心力降低。但是，高速公路行驶的车辆立即减速会很困难，另一方面，如果高速公路降低很大的车速，使汽车行驶减慢，也就失去了高速公路的意义。所以，道路设计人员还是选择了使公路减少急弯的办法。高速公路工程规定在设计弯道时，尽力加大弯道半径，以减少离心力。

弯道外侧要超高

　　坐在行驶的汽车上，你会发现在公路转弯时汽车会稍向内侧倾斜。这时，你还会发现路面的内外高度也不一样，弯道外侧稍高些，并逐渐向内倾斜。为什么修筑公路时，采取弯道外侧超高的设计呢?原来这是为弯道的行车安全特殊设计的。

　　汽车在驶入弯道时，实际是汽车在进行圆周运动(汽车行驶的路线近似一个半圆形)。做圆周运动的物体会产生离心力和向心力，如果向心力和离心力相等，那么这个物体会绕圆心运动，如果离心力大于向心力，这个物体就会向离心力方向飞去。

　　汽车在转弯时，汽车的离心力大于向心力，作用在汽车上的离心力垂直于汽车前进的方向，这样就会把汽车推向外侧，由于车轮的摩擦阻力减弱了车下部的离心力，势必会造成车辆外倾，甚至翻车，造成安全事故。为解决弯道行车安全，把弯道外侧适当加高，使汽车行驶在弯道时，车身稍向内侧倾斜，这就可以抵消一部分离心力，保证行车的安全。这和我们骑自行车转弯时，身体向内侧斜是一样的道理。

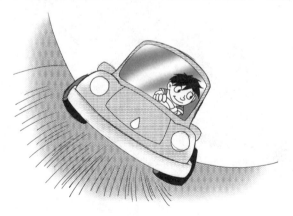

高速公路上无路灯

夜幕降临，高速公路上一片漆黑，路旁没有照明灯点亮。仔细一看路旁根本就没有路灯。普通道路上都有照明灯，而高速公路上没安装照明灯。没有照明灯，快速行驶的车辆是如何看清道路的呢？

这时，如果你坐在行驶于高速公路的车里，就会发现，高速公路的路面上闪闪发光的小圆点连成了路面标线，路旁的交通标志也闪闪发光极容易辨认。当车过之后，你向车后望去，路面上则是一片漆黑。

高速公路上没有路灯。这是因为路灯的散射光会使快速行驶的汽车驾驶人员目眩，不容易看清路面标线、路旁标志及障碍物。

这闪闪发光的路面标线、交通标志都贴有一种反光膜。这种反光膜是用微小的玻璃碎粒，黏在金属反光膜上制成。它的反光率极高，当强光照射到反光膜上后，被反射的光可达1000米以外。驾驶人员可清楚地看到反射点，如没有光的照射，就不会有反射。

当汽车前灯向前照射时，交通标志、路面标线就会闪闪发光，司机就能清楚辨析路面情况，安全行驶。

公路面的路拱

公路是一条平直的大道吗?不是的。仔细一看,路中间要比路两侧稍高一些。为什么不把路面修得平整如镜呢?那样不是更好一些吗?回答也是否定的。公路的路面必须要在中间修得稍高些,这稍高的部分叫作路拱。这种路面设计可使雨天时路面的水及时排除,防止路面因积水而遭到损坏。如果没有路拱,或者拱坡太小,在雨季中就容易造成路面积水,这不仅造成车辆行车困难,还会使路面变软易坏。

路拱的形状有直线形和抛物线形两种。直线形路拱的外形为两条具有路拱坡度的直线,其中间拱部分为圆弧线连接。这种路拱横坡较小,坡度均匀,适用交通流量大,车辆分布整个路面的高等级公路,如水泥混凝土路面、沥青路面。抛物线路拱,中间横坡平缓,两侧坡较陡。中间平缓便于行车,两侧较陡便于排水。这种路面适用于路面较窄的砂石路、加固土路面。在多雨的地区路拱坡度大一些,干旱少雨的地区路拱坡度可小一些。路拱坡度一般应在 1%～4% 之间。

地铁暗挖法

在城市修建地铁是一项复杂的工程，在地下几十米深处开挖十几千米、几十千米的隧道工程确实是一件不容易的事。城市的道路纵横交会，路面车水马龙，而修建如此之大的工程并非三天五天，需要一个较长的工期，如果采用明挖法，就会给交通带来极大的不便。另外，地面的建筑错落有致，也给施工造成不便，如果大面积拆迁会带来巨大损失。

随着现代科学技术的发展，人们创造了暗挖法，即在适当的地点开挖一个竖井，然后在地底下挖掘出地铁隧道。这种技术既不影响地面交通，也不影响地面建筑。

暗挖法使用隧道掘进机(TBM)，隧道掘进机像大型钻机那样，是靠旋转力盘钻通隧道的。掘进机一次可挖直径 11 米的隧道，每天的掘进速度达 120 米。十几千米的隧道，几个月就可挖通，比明挖法的效率还大。掘进机头部圆盘上装有滚轮和牙齿，不仅能挖掘泥土，就是岩石也能照样切削。被挖掘出的泥土通过中间螺旋状的结构被推向尾部，接着可用运输工具运出隧道。

城市修建地铁

城市高楼林立，道路纵横，人口密度大，是人口集中的地方。拥挤的都市人潮如流、车水马龙。有限的地面道路车辆拥塞、交通事故频发，给人们的出行带来了许多麻烦。

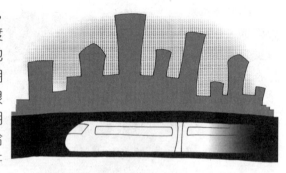

19世纪中叶，英国有个名叫查尔斯·比尔逊的律师，由于他经常外出办案，经常看到交通拥挤的现象，而他本人也饱受堵车的不便，于是他突发奇想向政府有关部门提出了修建地下铁路的建议。这一建议得到政府有关部门及社会人士的支持。于是伦敦在1860~1862年修建了地铁，并于1863年1月10日正式投入运营。

地铁不占用地面空间，速度快、运量大、无噪声污染，是快捷、安全、清洁的交通工具。把原来在地面乘车的数十万乃至数百万人分流到地下，大大减轻了路面交通的压力。

大城市修建地铁开创了城市交通立体化的新篇章，世界上的许多城市都先后修建了地铁。地铁车辆、修建的技术、运营管理也日新月异。早期的地铁是内燃机车牵引，现已改为电力机车；最早修建地铁要进行明挖施工，如今是采用暗挖方法施工，用大型掘进机修建地铁隧道。地铁的管理采用了计算机技术，地铁控制达到了自动化。未来地铁将遍布世界各大中型城市的地下。

电子月票

坐公交车上车买票，乘坐无人售票车要自觉投币，这是生活中常见的事，不过找零钱也是一件麻烦的事。用电子月票乘车就方便多了，省去了买票或找零钱的麻烦。

电子月票就是一张像电话磁卡一样大小的 IC 卡。这种 IC 卡是一种非接触式的磁卡，乘车时，只要把有存款的 IC 卡拿在手里，在车门口的读卡机前晃动一下就可以了。这时读卡机与手上的 IC 卡进行了一次乘车费用结算，也就等于你买车票的程序完成了。真是又快又方便。IC 卡内的金额用完之后，还可去公交公司的发卡处充资站付款充资。

这种非接触式充值磁卡与读卡机之间的联系是通过无线电波（射频波或微波）来进行的，非接触式 IC 卡之所以能不通过读卡机与卡上存储的信息进行数据交换，是利用电磁感应原理进行的。无线电波在 IC 卡和读卡机间起到了联结沟通作用，让 IC 卡和读卡机互相确认，进行数据交换。

非接触式 IC 卡具有使用方便、快捷、可靠、通用等特点，所以作为公交月票十分合适。目前世界许多国家在地铁、铁路、公交车上广泛使用。我国目前许多城市的公交车都采用了这种方法，不久的将来乘坐所有交通工具都可使用 IC 卡。

新型无轨电车

　　无轨电车清洁卫生、无污染排放物、平稳舒适，受到人们的欢迎，成为城市公共交通的重要工具。但人们也发现无轨电车的架空电线很麻烦，同时，也限制了无轨电车的自由。

　　科学家们通过电、磁转换的原理，研究了不用架空电线往无轨车上供电，而是通过地面，用电、磁互相转换的原理把电送到无轨电车上的方法。这种没有"辫子"的无轨电车已经在意大利的里雅斯特市露面。

　　这种电车没有钢轨，也没有架空电线为受电弓供电，但它却是由电机来驱动行驶的。那么电是怎样送上电车的呢？原来，是埋在地下的磁力平台给它提供了电力。

　　工程人员在电车行驶的路线下宽60厘米、深30厘米处埋设了磁力平台，传感器及电缆。当电车在这路面驶过时，传感器立即向磁力平台发出信号，接通电源，磁力平台把电缆输送来的电力转换成磁力，电车接受了磁力后把磁力转换成电力以供给车上电机使用，或储藏于蓄电池中。

　　这种新型电车保留了原有传统电车无污染、平稳、舒适的优点，但却省去了修路轨、架设高空输电线的麻烦，因此而受到人们的欢迎。特别是当塞车时，它可用蓄电池的电力绕道而行，不必走在它那看不见的轨道上。

立交桥的功劳

现代的都市高楼林立、车水马龙，各种城市车辆多得数不清，有的大都市仅汽车就超过百万辆。

城市的十字路口、交叉路口都纷纷建起了立交桥，这种新式的陆上交通桥早已不是为了跨越江河，而是为疏散十字路口、交叉路口的车辆。城市的道路交叉口，来往于各路之间的车与车，人与车都必须相互避让，于是产生了多个避让的冲突点，一般三岔路口有9个冲突点，四岔路口有16个冲突点。为了避让车辆，所有的行人、车辆都在红绿灯指挥下，或停车止步等待，或匆匆通行，这就延误了行车时间，降低了道路的通行能力。据统计，一般交叉路口的通行能力仅有每小时400～600辆。

如果在十字路口架起立交桥，使各方面来往的车辆行人不必等待，各行其道地通过路口，就不会再有停车止步的等待了，这就大大地提高了车辆的通过能力。

立交桥由四个部分组成，有跨线桥、匝道、跨线桥引道和桥下坡道。立交桥的层数一般为二三层，最多有六层。立交桥按布置形式分互通式和分离式，城市交叉路口的立交桥一般都是互通式立交桥。

减少桥墩的斜拉桥

在大江大河上建造桥梁往往需要大跨径，这样便于江河中的水运船只通过，而要大跨径就要减小桥墩的数量。一般我们常见的横梁桥，桥的重量(自重和承重)都需要桥墩支撑。如果跨径大，桥墩少，桥面的重量会把桥压弯，甚至断裂。设计师们研究了吊桥，就是把桥挂起来，这样就会减少桥墩，使桥的跨径增大。斜拉桥就是一种吊桥。斜拉桥由桥塔、吊缆和主梁构成。斜拉桥不用桥墩支撑桥的重量，而是把主梁用高强度的粗钢索挂在桥塔上，由几个桥塔支撑桥的重量。斜拉桥的主梁有的采用箱形钢梁，也有采用预应力混凝土和钢筋混凝土。斜拉桥的布缆方式有竖琴式、扇形、放射式等;桥塔有单柱式、双桩式、门式等多种多样。斜拉桥具有跨径大、造型美观、建筑工程经济等优点，适于水面宽、水深、地质条件复杂的地方建筑，也适于海峡、深谷间架设。著名的美国旧金山的金门大桥就是斜拉桥，它的主跨径宽达 1280 米。

桥墩建在岩石上

过江河、跨海峡、海湾的大桥是一项宏伟的工程，大桥长几百米、几千米，甚至更长。桥的自重是巨大的，如果加上通行的火车、汽车、行人等承载重量，其总重量是惊人的。

桥墩是大桥的支柱，像巨大的手臂，支撑着桥体及桥面的通行车辆和行人的重量，这种重量使每个桥墩都要承受数万吨的压力。

水下有淤泥、沙石，这些物质对于来自桥墩的数万吨重压，是经受不住的。因此不能把桥墩建在淤泥、沙石上面，甚至岩石的表面也不能建桥墩。另外，还要考虑桥墩的稳固性，要经得住水流的冲击和海浪、风暴的袭击，在任何外力的情况下，不发生桥墩的动摇。所以，要把桥墩牢固地和水下的岩石连在一起。

大桥桥墩基础是很大的，这才能增强它的稳固性，如南京长江大桥的桥墩基础，比篮球场还要大。

在建桥墩时，首先要用沉井技术，把沉井下到水底，然后清理水下

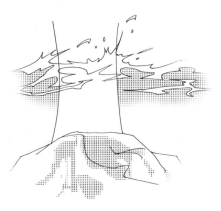

污泥、沙石，再把岩石表面的风化层清理掉，直到露出坚固的岩层为止。在坚固的岩层上建造桥墩基础，然后接着建造桥墩。建造桥墩是一项艰巨、复杂的工程，也是建桥的重点工程。坚固的桥墩是大桥工程的基本保证，将影响桥梁的使用寿命和安全性。

大桥要修建引桥

大江、大河蕴藏着丰富的水量，而江河水位也随季节不同、大气变化、降水等因素的变化而变化。另外，大江、大河还是理想的航运线。

在修建江河大桥时，这些因素原因是必须考虑的。

为了使航道保持最大的通过能力，就要考虑在桥下也能通过船只。这就必须把桥架高些，还要考虑最大水位时，水涨船高，大桥也不会影响航运。综合这两和因素，大桥的高度必然要超过岸边的高度。这样的桥和两边的公路就无法连接，于是人们就在公路与正桥连接的部分修建了引桥。

引桥和大桥的宽度是一样的，引桥的长度要根据大桥的高度和两岸的高度来确定。引桥要有一定坡度，从地面逐渐上升到桥的高度，和桥面连接起来。这个坡度要利于车辆行驶，不能太陡，也不能太小。坡度太陡影响车辆通行，坡度太小会使引桥加长，增加工程造价，占用过多的土地。

小桥的拱形结构

著名的赵州桥是 1300 多年前建造的，这一用天然材料建造的石拱桥至今仍然保存完好，可见其坚固之程度。

拱形桥是桥梁结构的常见形式，至今许多小型桥梁仍然采取这种结构，甚至有些稍大的桥梁也采取这种结构。显然，这种拱形桥有许多优点。

古代用天然材料造桥，那就是石材、木材或砖，用木材建造的桥梁承重不大。要想增加桥的承重能力，就必须多加桥桩，但这又影响了水面船只通行。于是，人们想到了承重能力比较大的石材，而石材的单位体积又有限制，一块石板只能当作跨越小溪的材料，不会作为桥面。

采用拱形结构，就可以解决这个问题。用石块或石板建造一个半圆曲线的拱，就可以使桥承重能力大大提高，桥的跨度大大加长。拱形桥石材互相挤压，而石材又有相当大的耐压力，它们挤压在一起，把桥面的压力传到两岸的地面上，所以这种桥承重能力强。

到了近代，这种拱形桥改用钢材或钢筋混凝土建造，另外桥的形式也发生了变化。可以建造钢梁拱，然后把桥面挂在钢形拱上，不必像赵州桥那样，拱形在下，桥面在上。

高速经济的列车

　　磁悬浮列车是飞驰的高速列车,但是磁悬浮列车要在特殊的轨道上运行,这就要新建线路,需要一大笔经费投入。而摆式列车利用现行线路进行改造即可运行,并且可达到高速运行,所以摆式列车是高速经济的列车。其实,有的电气列车已经能达到每小时二三百千米的高速度,但现行的线路不允许这样高速运行,主要是当高速运行到弯道时,列车会因离心力作用,被抛向外侧,这样会使列车车轮冲击外侧钢轨而导致道轨磨损严重,甚至将外侧道轨冲击移位造成脱轨事故。

　　如果设法减少离心力,使列车运行像人骑自行车一样,到了弯道时,自动向内倾斜,到了直道时再恢复原状态,就可以使列车高速运行。

　　要让列车自动摇摆,这就是摆式列车的特点,但是人工是办不到的,必须由计算机来自动控制才行。摆式列车的车头是电动机车和控制车,当控制车进入弯道区域,车上的两个"加速度仪"立即测出离心加速度,并会算出车体倾斜角度,进而对各节车厢的受控计算发出指令,由它们控制各节车厢的倾斜角度、时间,使车厢自动地像人骑自行车一样倾斜,恢复原位。真是太奇妙了!

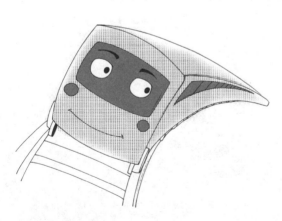

大江河上造高桥

宏伟壮观的大桥不仅是一项交通工程，而且还是具有审美价值的艺术品，是一道美丽的风景，人们称它为凌空彩虹。

有许多跨越大江、大河或是在海上跨越海峡等处的大桥都建造得非常高，有的距水面几十米，甚至几百米，真可称为凌空一道彩虹了。世界上最高的大桥距水面有321米，这就是修建在美国科罗拉多州阿肯色河上皇家峡谷的大桥。

为什么有的桥造得低，有的桥造得高呢?把桥造得低些不是更省材料，更节省人力节省费用吗?低的桥梁都是在小河上建造的，这样的江河流量小，通航能力差，水量的变化也不大。所以没有必要把桥造得高，那样建桥才是一种浪费呢。

大江、大河水的流量大，因此也有较大的涨落差，建桥时要考虑水涨时，水面也和桥面有相当距离，不会影响桥面的交通。另外，大江、大河又是内河航运的航道，为了保证航道上的船只畅通，也要使桥面更高些，以至在水涨期间大小船只都能安全通过。中国的长江下游航道万吨巨轮也在这里航行。因此，这些地方的大桥都造得很高，一般水面距桥面都有几十米高。

有些峡谷中的大桥，为了使桥连接两边的道路，因此也把大桥造得很高。

智能运输系统

智能运输系统是在公路上、汽车上使用了计算机技术、传感技术、通信技术，以提高交通的畅通性和安全性。交通拥塞是影响交通畅通、安全的一大顽症，如果让车辆有计划、有秩序地行驶就能大大缓和交通拥堵，计算机控制、指挥车辆就可以实现这一目的。

智能化公路沿途装有传感器，传感器准确地把各区段的车流量，路面状况等信息传送给来往车辆，车辆上的接收系统把公路状况、车流的信息显示在司机面前。智能化汽车上的计算机会按收到的信息，自动选择路线、速度，自动保持车距、自动驾驶。

智能化公路、智能化汽车构成了智能化运输系统，智能化运输系统大大提高了交通的畅通和安全性，据美国一家智能运输系统集团预测在不久的将来，全美交通拥挤状况将减少 20%，交通事故也将减少 8%，每年将有 3000 人免于丧生轮下，40 万人免于车祸受伤之苦。

智能运输系统会提高交通管理效率，它可以实现路桥收费的电子自动化，可以监视车辆超速行驶等。

集装箱运输

集装箱是在陆、海、空运输中一种盛装货物的工具,一般用金属材料制造,有一定大小的规格,有较高的强度,可以防风吹雨淋、防碰撞。

交通运输是以多快好省为目的,集装箱的出现正好为交通运输的目的开辟了广阔的前景。多,就是大幅度地提高车船等交通工具的运输量;快,就是指高运输速度(包括交通工具的速度及装卸货物的速度);好,就是安全运输;省,就是提高运输效益,节省运输费用。把货物装进集装箱内运输,为交通运输的多快好省创造了极好的条件。所以,集装箱运输受到人们欢迎。

集装箱的规格化货物可以最大限度地利用载运工具的空间,货物集装箱像摆放在书橱里一样,不仅比散乱放在书橱里的书要多,而且像货物摆放在货架子里一样整齐。因此集装箱船载运率大大高于散装货船。集装箱船的装卸便于机械化装卸,特别在车、船联运方面更显出装卸的快捷。集装箱防风雨,可露天摆放,省去了库房建设费用,集装箱里的货物不易损坏、变形、丢失,保证了货物的安全。

集装箱多种多样,有的可保温,有的可保鲜,有的可装液体,有的可装危险化学品等。在现代交通中,集装箱运输将有更快、更新的发展。

轻航空器

轻航空器是一种依靠空气浮力升高的航空器，其航空器的重量比同体积空气轻，利用空气浮力使航空器升空。轻航空器都必须在航空器的气囊中充比空气轻的氢气或氦气、热空气。气球和飞艇都是轻航空器。轻航空器是使人类实现升空的先驱，1783 年 11 月 21 日，法国蒙格尔费兄弟成功地进行了热气球升空表演。气球系着吊篮，人坐在吊篮里，表演的气球在空中飞行了 25 分钟。飞行高度达到了 900 米，最后降落在 9000 米外的巴黎近郊。

1852 年 9 月，法国人季裴德创造了世界上第一个可操纵的、有动力装置的飞艇，并进行了成功的飞行。

飞艇也是巨大的流线型的气囊，依靠充满比空气轻的氢气产生的浮力飞行的。在飞艇底部吊上载人或载货舱，在飞艇的尾部装上动力装置，依靠动力推动飞艇前进。因而，飞艇比气球更具有交通价值，开辟了空中交通的先河。后来，由于轻航空器存在许多缺点，逐渐被重航空器挤出空中。现在轻航空器多用于气象观测、体育运动、旅游等方面。

重航空器

　　重航空器是指航空器的重量比它排开的空气重量大的航空器。飞机、火箭、导弹都属重航空器，它们的庞大身躯都很重，比它们所排开的空气重量大得多。因此，它们不可能依靠浮力升空，这仅有的浮力对那么大的庞然大物几乎无作用。那么重航空器是怎样升空的呢？它是依靠空气动力或反作用力升空的。

　　飞机就是依靠空气动力升空的一种重航空器，所以，空气动力学是飞机设计师的一门很重要的学问。

　　空气流经物体表面，空气对物体会产生一种力，空气作用在物体上的力就是空气动力，空气动力作用在飞机上，既可以产生升力，也产生阻力。飞机静止时，流经飞机机翼表面的空气动力也是极其微小的，当让飞机在空气中运动，那就会产生相当大的升力。飞机就是依靠这种空气动力，克服阻力、克服飞机本身的重量产生的重力而飞起来的。

　　火箭和导弹则是依靠发动机产生的反作用力把它们送上天空的。所以，重航空器一般都要用巨大的能量使发动机工作。

左右对称的飞机

当我们正面看飞机时,感到飞机左、右相对称,从上面俯视时,这种感觉则更加强烈。为什么飞机都以通过重心的水平中心线左、右对称呢?

飞机是在空气中运动的物体,空气的动力(升力、浮力、阻力等)对飞机产生作用,为了保证飞机的横向稳定,就必须保证飞机通过重心水平线中心的左、右两边的重量相等。机翼、水平尾翼的外形、安装位置相对称。这样,左、右所受的各种力都相等,因此,飞机才能在静止时、飞行时都保持稳定,不至于因左右受力不均而发生侧向翻转。

根据空气动力学这一原理,利用其不稳定性,可以在飞机的机翼增加副翼,垂直尾翼安装活动舵面,以改进空气动力性能,这就可以使飞机爬升、下滑、转向,甚至翻滚等动作随人而愿。

单翼机和双翼机

我们经常看到的飞机，大都是在中低空飞行的飞机，这些中低空飞行的飞机，有相当数量的双翼飞机。什么是双翼飞机呢?就是在飞机机身的上、下各有一副机翼。双翼飞机都是螺旋桨飞机，一般速度比较慢，并且能在低空飞行。

双翼机在飞机发展史上是首次出现的，莱特兄弟发明的飞机就是双机翼的，二次世界大战前双机翼飞机占有很大份额，曾辉煌一时。

飞机是靠机翼的升力被举上天的，飞机发展的初期，都是螺旋桨飞机，飞机发动机的拉力也是有限的。为了使机翼产生足够的升力，一是提高发动机效率，使飞机速度加快，另一方面就是加大机翼面积，使机翼的升力增加。在喷气式飞机出现之前，提高飞机升力的办法就只能是采用扩大机翼升力面积的办法，于是双翼机就发展起来了。双翼机有两副机翼，使升力面积扩大了一倍，大大地提高了升力。

现在双翼机还有它的优势，它可以在中低空飞行、速度慢，因此在一些工农业生产、科研、气象、环保等方面有相当的用武之地。

现代的飞机多是高速飞机，高效的喷气发动机提高了飞行速度，这使机翼在空气中的相对运动速度大大提高，因而提高了机翼的升力，所以，就不必使用双翼，单翼就足够保证飞机的升力了。另外，单翼还可以减少飞机的重量和阻力，所以单翼机的结构形式是现代飞机的主要结构形式。

飞机的机翼长短

车辆是靠轮子滚动在地面前进，飞机靠机翼升力在空中飞行，没有机翼飞机就不会飞上天。

飞机机翼的升力，主要取决于两个方面：一是机翼升力面积的大小，升力面积越大，则升力越大；二是机翼在空气中的相对速度，同样的升力面积相对速度越快，则升力越大，这是影响机翼大小的首要因素。另一个重要的因素是飞机的速度，飞机的速度决定于飞机的前进动力(拉力或推力)，同时也取决于空气的阻力。飞机的前进动力越大则飞机的速度越快，如喷气式飞机的速度一般大于螺旋桨飞机的速度，超音速飞机都是喷气式飞机。飞机的阻力越大则速度越慢，如螺旋桨式飞机，大的机翼产生的阻力、螺旋桨产生的阻力都使飞机速度减缓。

我们经常见到的中低空飞行的飞机，大都是速度较慢，它们都有较长的机翼，这些飞机大都用于支线客机，一些用于农业、林业等。那些干线客机，在远距离飞行中的飞机及一些战机，它们都在高空飞行，速度快，所以都是短机翼的飞机。

飞机客舱密封

飞机发展的初期，飞机的飞行速度不快、飞行高度也不高，所以那时飞机不需要密封舱，甚至穿飞行服把身体露在外面也可以。到了近代，飞机的飞行速度越来越快，飞行高度越来越高。这时飞机飞行的速度、高度给人的承受能力带来很多麻烦。

人长期生活在地面上，人的生理机能适于在地面上生活，例如地面上的空气温度、大气压力都适宜人的生活。但是到了高空，周围的自然条件比照地面上的自然条件发生了许多变化，随着高度增加，空气越来越稀薄，据测定，海拔4000米高空的大气压力只有地面海拔100米高度的60%左右。高空的气温也随着高度的变化而降低，在1万米以上的高空，气温只有 $-60℃$，相当于地面上最严寒的地区的冬天温度。

人类在这样的自然环境里无法生存。如果当气压下降时，人就会感到肚子、耳朵疼痛；如果氧气不足，人就会心悸、呼吸急促。在气压下降到正常大气压的1/16的1.9万米高空时，水的沸点是37℃，而人的体温正好也是37℃，人体的体液会沸腾并急速变成气体，人的生命就会受到死亡的威胁。

为了解决人在高空的生存安全，就把飞机做成密封的舱体，使人和外界完全隔离开来，在座舱内用人工的方法制造一个气压、温度适宜人生存的条件。

特殊用途的飞机

　　一提起飞机，人们就想到那是最快的交通工具，现代的高速飞机达到了时速几千千米，超过了音速，有的军用飞机则更快，有的达几马赫。但是，你可能没有想到，有些飞机必须让它飞得慢，甚至在空中悬停。

　　一般说客机需要高速，以缩短旅行时间，尽早地到达目的地，大多数的军用战机也需要高速度。那么什么样的飞机不需要高速，而要飞得慢、飞得低呢？答案是那些有特殊功能，完成特殊作业的飞机。

　　农业、林业用飞机就是这样的飞机。农业、林业用飞机来监测作物、林木生长情况以及在空中施肥、撒农药、森林灭火等。所以这些飞机的时速几百千米就足够了，甚至还要更低些，因为只有慢速、低飞才能进行各种作业。如果用飞机播种树种，太快，太高了，就不会准确地把种子播种到指定地点，播施化肥、撒农药也是一样。

　　飞行慢的飞机大都是双翼机，或大机翼的飞机、直升机。这些飞机也比较小，起降很方便，所以更适宜农业、林业等方面应用。

　　飞得慢的飞机还有用来航拍、救援、灭火、地质勘探等。

飞机着陆减速伞

我们常在电视上看到这样的镜头，当航天飞机在降落时，飞机的尾部张开了一个大伞；当超音速战机接近跑道时，也张起了一个大伞。这个伞叫作减速伞，它是帮助高速飞机降落时用的。高速飞机降落时，为什么要张开一个大伞呢?从这个伞的名字就可得知，是为了减小飞机的滑跑速度。

高速飞机在飞行时，飞行速度超过了音速，即使接触跑道滑跑也仍有很高的速度。当一个很高速的物体停下时，必须让速度慢慢减下来，可是快速飞行中的飞机冲力很大，让它在有限度的跑道上停下来十分困难。减速伞张开时，利用伞面对空气产生的阻力，使飞机增加阻力，好像从飞机后面拽住了飞机使飞机的滑跑速度降了下来，大大地缩短了飞机着陆的滑跑距离，这样就能使飞机安全着陆，不至于使飞机冲出跑道。

一般的飞机不用减速伞，当飞机着陆时，飞机发动机的反推力装置改变了气流喷出的方向，这样就提供了与滑行方向相反的力，以此来降低滑跑速度，使飞机慢慢停下来。而超音飞机，只靠这种办法是不行的，所以才增加了降速伞以增加阻力。

雷达助飞机起降

机场是飞机的家，从这里起飞，在这里降落，还有许多飞机停在机场的停机坪上待飞和维护，机场还有许许多多的设施。机场虽大，却是一个繁忙、复杂的地方。进场、出港的飞机此起彼伏，一架接一架。一会儿这个航班起飞，一会儿那个航班又降落，大型航空港平均几分钟就有一个起落。

飞机在这样繁忙的空域，这样环境复杂的机场起飞和降落，其难度远远大于在航路里平飞。另外，飞机飞行的速度快，即使在起降时处于繁忙的空域，复杂环境的机场，高速起飞的飞机只凭人的感官自由起降是很危险的，所以，在飞机起降的时候，都必须有雷达着陆系统的帮助才能安全起降。

飞机着陆系统是由机载接收设备、仪表和雷达地面导航发射设备组成。当飞机起降时，导航设备通过无线电波向飞机发出波束，显示跑道、空域的情况，飞机上的机载设备接收到无线电波束后会自动矫正飞行航迹，使飞机安全起降。

飞机起降看风向

风向对于飞机的飞行有重要的意义,特别是当飞机起降时则更显得重要。理想的风向会使飞机安全起降,还可节省燃料,所以,飞机起降时特别注意风向。

当飞机顶风起飞时,空气和飞机的运动方向正好相反。这时流经机翼表面的气流速度会加快,使机翼的升力加大,飞机就会在规定的时间内,规定的滑跑距离内脱离跑道升空。

在飞机降落时,如果顺风降落,空气和飞机的运动方向相同,因而流经机翼表面的气流速度会减慢,机翼升力则减小,飞机就会在规定时间内,规定的滑跑距离内安全着陆,所以,飞机起飞的风向是逆风起飞,飞机着陆的理想风向是顺风着陆。

为了解决这一问题,在修筑跑道时都要考虑当地的气象条件。机场跑道的走向,要和当地一年中最多日子的那个风向相一致。另外,飞机起降时,有时会遇到侧风。侧风会给飞机的稳定性带来影响,加大飞机操纵的难度。

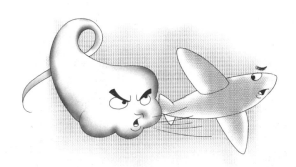

飞机发展的初期,风向对飞机影响更大,但到了现代,飞机发动机的功率及其他许多方面都有很大改进,风向对飞机起降的影响都会被人们利用或改进、克服。

保持跑道的清洁

机场的跑道是一条又长又宽，十分平整的大道，它是用钢筋水泥铺筑的，所以十分坚固。

机场的跑道是机场的重要设施，是为飞机的安全起降修筑的，因此，必须经常保持跑道的清洁。

由于风沙的原因，或由于飞机的起降、近地飞行，都会把一些碎小的沙石、杂物吹向跑道路面，高纬度地方的机场，冬天还会有降雪掩盖机场跑道。这些沙石、杂物、积雪都会对飞机的起降构成威胁。

在飞机起降时，飞机在跑道上滑跑，沙石、杂物会被喷气式飞机尾喷口喷出的强气流吹起。如果这些飘起的沙石、杂物被吸进飞机的进气道，就有损坏飞机发动机的可能，导致飞机出现安全事故。另外，沙石、杂物、积雪还会遮掩住跑道灯，使夜航飞机不能准确判定跑道的位置、走向，影响飞机的安全着陆。

为了保证飞机的安全起降，经常保持跑道的清洁就是一件大事，所以机场的跑道经常有人管理，有人清扫。清理机场跑道的工作，是机械清理，有专人、专门的清洁车辆，如清扫车、铲雪车等，十分方便、快捷。

灯光闪烁的跑道

航空港的夜色灯火辉煌,十分美丽壮观。候机楼、塔台等建筑物灯火辉煌。机场跑道上灯光的颜色也不一样,有白色灯、红色灯、绿色灯、蓝色灯等,有的灯还按顺序闪亮。这些装在机场跑道上的灯,是为夜航的飞机指引起降的。

飞机跑道中间有一排中线道,它表示这条线是跑道宽度的中心线,飞机起降时要对准这条线。跑道中线灯和跑道平面平齐,以防止和飞机的机轮冲撞,同时它的灯罩极坚固,不易被冲撞破坏。跑道中线灯的颜色不一样,在跑道头附近,对着飞行员那一面是红颜色的,其余是白颜色的。

跑道两侧有跑道边灯,在跑道尽头的跑道边灯是黄色的。这些跑道边灯也是很坚固的,不会被喷气发动机喷出的热气流所损坏。飞机跑道上还有指挥、帮助飞机起降的各种信号灯。

跑道头最远的地方是一片顺序闪光灯,它们是白颜色的,按规律闪、灭,告知飞行员对准跑道中线。两边的白色横排灯是帮助飞行员观察机翼是否倾斜,以准备接地。

跑道入口的地方,有红、绿信号灯,红灯时不可进降跑道,绿灯时才可着陆。进入跑道后,一片白色的接地灯,表示飞行的飞机在这里接地着陆,不得提前或延后。

机场的专用车辆

当飞机降落在跑道那一瞬间,机场上一些各种各样的车辆风驰电掣地开向跑道,这些专用车辆是专门为飞机服务的。高大、复杂的飞机需要

各种各样的服务,为了飞机的安全运行,所以需要各种专用车来帮忙。

加油车满载航空煤油,为飞机加油;救护车为防止意外事故的发生,必须随时待命;旅客登机、下机需从高高的飞机上顺着客梯车上下;高空作业车能自动升降,为旅客运送行李;气源车专为喷气发动机的启动提供空气;电源车上装有发电机组,专门为飞机充电、供电;空调专车专门为停在机场的飞机制冷或制热;食品车的车厢也可自由升降,专为飞机上的旅客提供食品、饮料;供水车为客机加水;污水车则把客机上的污水抽进车厢;还有可升降的行李平板车、集装箱平板车、邮件车、消防车等等。

机场上还备有大马力的牵引车,这种车专门为等待起飞或降落后的飞机在机场中的移动牵引飞机。

机场上的各种专用车辆都是特殊设计的,具有特殊功能。

飞机怎样"刹车"

　　高速飞行的飞机在着陆时,要减缓速度。尽管减缓速度,但也往往超过时速 100 千米,为了使飞机着陆后的滑行距离缩短,设计师们在发动机上安装了反推力装置。

　　飞机在飞行时,发动机喷出的气流形成巨大的推力,这种推力形成的反作用力使飞机前进。同样利用发动机,把发动机产生的气流改变方向,就会形成一股和飞机前进方向相同的推力,这种推力叫反推力。反推力形成的反作用力对飞机产生了阻力,使飞机的速度大大降低,滑跑的飞机会很快停在跑道上,所以,飞机上的反推力装置有点像地面上车辆的刹车一样。然而,飞机降落,着陆直至停下来的过程,要比车辆刹车复杂得多,其部件、装置也复杂得多。

　　飞机着陆必须经过下滑、改平、飘落、主轮接地、前轮接地几个过程后,然后使用反推力装置、刹车装置,飞机才会停下来。反推力装置、刹车装置必须在飞机前轮着地后使用,如提前使用,飞机就会产生大的俯仰动作,甚至发生危险。

飞机的油箱在哪儿

飞机的发动机是以航空煤油为燃料的，因此飞机上必须携带足够的燃料。这些燃料要装在油箱里。根据飞机的大小及载重量、航程的不同，飞机携带的航空煤油的多少也不一样。小型飞机只能携带数吨航空煤油，超大型飞机的携带量则达几十吨，甚至上百吨。

根据飞机携带的油量，飞机上的油箱大小、数量也不等。但是这些油箱都安装在飞机的机身、机翼或尾翼内部。所以，从外部我们看不到飞机的油箱。

飞机在天空以平飞、爬升、下滑等各种姿态飞行；而燃油是液态状的，因此，飞机上的油箱位置、油箱结构、供油系统都必须适合飞机飞行的各种状态，适应液态的流动性，所以飞机上的油箱、供油系统都很复杂。

为防止燃油在油箱里晃动，影响飞机飞行的稳定性，飞机油箱内设有隔板。为了保证飞机的重心位置，油箱的位置都是精心设计选择的。

还有一些飞机不用另外安装油箱，而把飞机的油箱设计和机翼、机身的设计结合起来。在飞机蒙皮里的空间做成密封的隔舱，这样就不必另做油箱了。

你也许会问，把飞机油箱安装在外部不行吗？回答是否定的，因为把油箱安装在飞机外部会增加飞行的阻力，会破坏飞机的动力性能，不利于飞机的稳定和提高飞行速度。

客机的防撞系统

现代的大客机可载乘客百余人至数百人,时速从几百千米至数千千米。远在天边的飞机转眼间就会从你头上掠过。在繁忙的空域里,急速飞行的飞机很可能相撞。而飞机一旦相撞就会发生机毁人亡的灾难。1986年,一架中型客机和一架小型客机在美国的塞里托斯市上空发生了撞机事件,近百人在这次空难中丧生。

尽管有空中管制、分层飞航,飞机上还安装红绿白三色灯和雷达防撞系统等。但飞机相撞的危险依然存在,特别是繁忙的空域、航路危险性更大。为了使客机更加安全地飞行,随着计算机技术和电子技术的应用,有人研究了空中交通防撞系统,这就是 TCAS 空中防撞系统。

这套系统通过无线信号进行空中自动对话。当无线电不断发出信号时,对方有应答,即可判定前方飞机,并能立即计算出飞行高度、方向、速度。显示屏上会立即给驾驶人员报警,并指出应提高或降低飞行高度;或提出应提高或降低速度以防碰撞。

当一架飞机闯入你的飞行航路时,飞机的 TCAS 系统就会接收到对方发来的 TCAS 讯号,并立即传送到主机,你的显示屏上就会提请你注意,并伴有语音提示,这套系统是飞机防撞的最先进设施。

滑翔机的牵引

世界名片法国喜剧电影《虎口脱险》中有一个镜头，指挥家、油漆匠和几个英国飞行员坐上了两架滑翔机。他们用一辆破汽车牵引两架滑翔机起飞，飞到了天空逃脱了德军的追击。滑翔

机是一种没有动力的飞机，它只有机身、机翼和操纵系统，而且体轻。

飞机所以能飞上天，是靠飞机的机翼产生升力。这种升力是靠飞机机翼在空气中运动产生的，如果飞机是静止的，机翼就不会产生升力。当飞机起飞时，要在跑道上滑跑一段距离，在时速达到 350 千米时，机翼产生的升力就足以使飞机脱离地面而升空。在空中，飞机的速度越快，升力也就越大。

可是滑翔机本身没有动力，因此它不会自己滑跑，只有借助外来的动力使它滑跑。这就必须用外力来牵引它，当它在滑跑时，机翼产生的升力达到可以起飞时，滑翔机才可以脱离地面腾空而起。因为滑翔机的制作材料、构造使滑翔机体轻，所以滑翔机的滑行速度不需要每小时 350 千米的速度就可以起飞。

一般滑翔机是靠汽车牵引或绞盘牵引起飞的，当升到空中，牵引滑翔机的牵引钩、牵引绳索会自动脱离，在空中滑翔机依靠上升气流飞行。

航空港远离市区

　　航空港是飞机起降的地方。旅客在航空港上、下搭乘飞机,货物在这里装卸。如果航空港建在市区该多方便啊!但是,这是不行的。航空港必须远离市中心,在市区以外建设。这是为什么呢?

　　飞机是个庞然大物,许多飞机在一起更需要较大的占地。飞机场要有二三十平方千米的占地面积,单是飞机的跑道就达 3000 多米,所以机场应该设在市区外。

　　飞机的起降需要有较大的净空空域,因此要求机场附近周围不能有超过标准高度的障碍物,以保证飞机顺利起降。同时也不能在这周边建筑高楼等其他高建筑物,可见只有市区外才有这样的条件。另外,机场的飞机噪声也比较大,机场的噪声会对附近居民产生影响,因此航空港修建在市区外,距市中心较远的地方是最合适的。

　　航空港离市中心较远,在市区外会给乘客和货运带来一些不便,因此在机场选址时,也要考虑这一点,使机场不要离市区太远。设计人员们还为了乘客便利搭机,同时设计了机场至市区的交通线路,如:有的机场到市中心有地铁、轻轨、高速路相连接,这样就能使旅客在最短的时间内到达机场。

水上飞机

　　水上飞机是一种能在水上自由起降的飞机,这种飞机的发明至今已有百余年了。水上起降可不用跑道,在多水域的地方起降非常方便,特别便于跨海、湖飞行。

　　水上飞机研制初期,设计人员把用于滑跑的机轮换上了两个浮筒,由浮筒支撑着飞机,浮筒可漂在水面上,使飞机不能沉入水中。但这种方法有缺点,就是浮筒增加了飞行时的阻力,增加了飞机燃料消耗,降低了飞行速度,同时也妨碍了在陆上起降。

　　设计人员们从飞机的舱身上打起了主意。因为飞机有机轮可在陆上起降,因此只要把机身设计成具有船舶功能的样式就可以解决这个问题。于是水上飞机的机身跟船舶差不多。水上飞机的机身也有密封的隔舱。这样飞机可在水中滑行。如果哪部分进水也不怕,只要关掉这个隔舱,其他部分就不会进水。

　　水上飞机必须在有条件的水域起降,这个条件和航船的条件差不多,就是必须有一定的深度,而且水底不能有暗礁。

水上飞机的设计也较特殊,都是上担翼,就是飞机的机翼安装在机身顶部。水上飞机一般都是螺旋桨飞机,螺旋桨安装在机头稍上部,这两种设计,使机翼、螺旋桨远离水面。

空天飞机

由美国研制的第二代航天飞机，是一种往返天地间的运输工具，它比照第一代航天飞机有很大改进。因这种飞机兼有普通超音速飞机和航天飞机的特点，人们称它为空天飞机。也就是说它有航空、航天的两种用途。

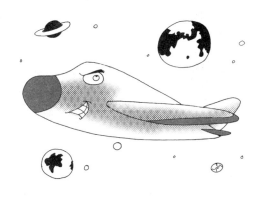

这就是说它可以作为地球上客运飞行用，而又比照其他的超音速客机有更高的速度。例如从美国首都华盛顿飞到日本首都东京仅用1个小时。这种速度是目前超音速客机望尘莫及的。

空天飞机将普通飞机的喷气式发动机和航天飞机的火箭发动机结合使用。它可以在普通机场像普通飞机那样起降，不需要航天飞机那样垂直升空。当它在起飞后，很快就可达到5倍音速的速度，接着它通过冲压式发动机和火箭发动机相结合的复合式发动机，把速度提高到25倍音速，穿出大气层，在外层空间飞行，这时，它已是航天飞机了。当飞抵目的地要降落时，它再次返回大气层。

空天飞机的外部形状类似航天飞机，机翼为双三角翼，只是没有外挂燃料箱和火箭助推器。继美国研究空天飞机不久，英国、日本也纷纷研究这种飞机。

空中救护车

直升机能垂直起降，对起降地点也没有严格要求，只要是空旷地就可以。直升机还可以空中悬停。直升机速度虽不快，但比起地面车辆可快多了。由于直升机有

这些特点，它在抢险、救急方面就有了许多优势。

　　大的豪华客船上、山谷中、高层建筑上、森林中、大海上发生灾难事故时，直升机就会前去救援。它会用最短的时间赶到出事地点，其他交通工具就不会来得这样快。在抢险救灾中，时间的宝贵更为重要，提前几分钟或许会从死神门前拽回几个宝贵的生命，所以，直升机是当之无愧的空中救护车。

　　森林发生火灾，直升机会很快把灭火人员送到火场，它在河湖、山峦上空飞过，选最近路线到达火场。

　　交通环境恶劣的公路工程工地发生人员受伤事故，直升机也可在空中快速赶到，在机上就可进行急救，甚至进行急救手术，真是方便极了。在战场上，直升机送伤员更是得心应手。

直升机空中悬停

　　直升机是一种特殊的飞机，它与普通飞机的外貌不一样，飞行姿态也不一样。普通的飞机机身两侧有两副机翼，飞机靠发动机的推动，使机翼和空气做相对运动产生升力，这种升力把飞机举上了天，人们称这种飞机叫固定翼飞机，也就是这种飞机机身两侧各有一个对称的机翼。而直升机只有机身，没有固定的机翼。那么，直升机靠什么支撑它升上天空呢?答案是安装在机身上的旋翼。旋翼的快速旋转和空气做相对运动，因此同样产生了向上的升力，直升机就可以被举上天空。

　　直升机本身有重量，这个重量要产生向地心的重力。直升机的旋翼运动产生一个与重力方向相反的升力，当直升机停在地面上时，旋翼不做运动，直升机的重力使它贴在地面上不动。当直升机旋翼作快速运动时，旋翼产生了升力，升力大于重力时，直升机开始上升。如果旋翼产生的升力正好和直升机产生的重力相等时，直升机就不会再往上升，当然也不会掉下来。所以直升机就悬停在空中。

　　直升机靠旋翼悬停空中，靠旋翼做飞行前进等各种空中动作。

直升机的旋翼

　　直升机分两类：一类是单旋翼直升机，一类是双旋翼直升机。1907年，单旋翼直升机首先问世。这种单旋翼直升机依靠旋翼产生升力，同时也依靠旋翼飞行。当然，双旋翼直升机也是靠旋翼产生升力的飞机。

　　直升机没有固定机翼，只有旋翼，旋翼的旋转产生升力，这种升力使飞机脱离地面。但旋翼在旋转产生升力的同时，由于空气对旋翼的阻力，产生了与旋翼旋转方向相反的反作用力。这个反作用力对直升机的重心形成一个偏转力矩，也就是说直升机的机身也要跟着旋翼的旋转发生慢慢偏转的现象。这时，直升机的航向就很难保持。为了解决这个问题，人们想了很多办法。首先被应用的办法是将直升机的机身加一个长尾巴，并让它翘起来，在翘起的尾巴上装一个尾桨。由于尾桨的旋转把偏转力矩抵消，使单旋翼直升机稳定下来。

　　还有一种方法，是将单旋翼直升机变成双旋翼直升机。双旋翼直升机有两副旋翼，这两副旋翼旋转方向相反，所以就没有了偏转力矩，因此也无须增加尾桨。这种直升机由于增加一个旋翼，也就相应增加了升力。大型直升机都选用双旋翼设计。

协和式客机停飞

协和式客机是英、法联合研制的一种超音速飞机，它是目前世界上飞行速度最快的客机。该机于1976年试飞成功投入运营。协和式客机采用三角形机翼，机头尖尖稍向下倾斜，飞行最高为19 200米，最高时速达2230千米，最大载客量为140人，最大航程7000千米。该机从伦敦飞越大西洋达纽约仅用3.5小时，是快捷、舒适、安全的洲际空中交通工具。

协和式客机自运营以来，20多年没有出现大事故，截至2000年只出现两次小事故，但在2000年夏季，有一架协和式飞机因起落架上的轮胎爆裂击穿了油箱发生坠机事故，故协和式客机全部停飞。

设计、研究人员对协和式客机进行了多次安全检查，并改进了油箱、轮胎的设计，使油箱壁材料加强了强度，也加强了油箱的防护措施。同时进行了多次试飞，最后取得了满意的结果，完善了安全措施，于是于2001年11月恢复了航班运营。

协和式客机尽管快捷、安全、舒适，但也有其不足。这种飞机因发动机耗油高、噪声大，运营经济效益较差等，已于2003年停飞，人们恋恋不舍地将它送进了博物馆。

人力飞机的研制

自古以来人们就幻想像鸟一样在天空自由飞翔。如今，人们可以坐在各种各样的飞行器里飞上天空，但这些飞行器不是靠人自己的能量为动力飞行的，不是靠像鸟一样依靠鸟本身的能量飞上天的。那么，人类能不能依靠自己的能量飞上天呢？目前研究的结果表明，人体的结构、重量等都不具备靠自己的能量飞上天的条件。也就是说人类的能量不可能把人自己带上天空自由飞翔。

自古以来，人类就在不断地探索人力飞行器，也就是在这种科学探索活动中，发明了各种各样的飞行器。人力飞机的研制活动至今还吸引着许多航空爱好者，特别是青年人积极参加。这些青年在活动中受到了锻炼，有的成长为科学家。他们把研制人力飞机的活动，作为发展人的智力、创新活动去开展。1959年英国航空学会的实业家亨利·克雷默还自掏腰包捐资设立了"克雷默"奖金，以鼓励人力飞机研制活动。现在，一些人研制的人力飞机靠脚蹬、手摇等方式为动力，制造飞机用的材料都是极轻的铝、聚酯薄膜、聚苯乙烯泡沫等。有的人力飞机可飞离地面几米高、一二千米远，但还远远不能达到实用标准。

无人机也能飞翔

　　无人机也叫无人驾驶飞机，它是一种不用人在飞机上驾驶，而由人在地面上操纵或自动操纵的小型飞机。这种飞机几乎和一般的飞机一样，它也有机身、机翼、动力系统、控制系统、通信系统等，只是没有驾驶人员和乘员。

　　无线电遥控模型飞机也可以说是一种无人机，它是靠在地面的人员通过无线电操纵天空中的模型飞机飞行，甚至能做普通飞机不能做的各种空中特技动作。

　　无人机只不过比无线电遥控模型飞机更复杂一些，更有一些高科技的应用罢了。无线电技术、计算机技术、电子技术在无人机上得到了广泛应用，因此，它能在天空中自由飞翔。无人机在 20 世纪 60 年代，首先用于军事侦察，它没有乘员，体积小、轻便灵活、造价成本低，因此不易被击落。即使遭到击落，损失也较小，因此得到了广泛应用。至今，人们也青睐无人侦察机。

　　无人机在民用方面也得到了广泛应用，它可以用来空中航拍，空中喷农药、施化肥、人工降雨、低空气象观测等；还可用于在峡谷间架设电缆等。无人机还用于高空太阳能研究、臭氧层状况调查等科学研究、环境监测用。

　　现在有人设想，可以研究货运大型无人机，只要装好货物，飞机可按照计算机控制，飞向目的地。

飞艇东山再起

飞艇是继气球升空之后，在飞机诞生之前的一种飞行交通工具。早期的飞艇用金属或木材做框架，外部是一个用丝织物做成的流线型气囊，内充氢气或氦气、热空气。这种飞艇可载重数十吨，航程数千千米，航速比轮船快好多倍。不过，由于飞机的诞生，再加上飞艇中的氢气容易发生爆炸等原因。以后飞艇渐渐退出了空中飞行。

20世纪70年代后，石油价格急剧上涨，科学研究人员开始回忆起飞艇节油的优势。另外新材料、新技术、新工艺的不断出现，促使科学家们研究现代飞艇。于是飞艇又东山再起，开始高飞蓝天。据专家们估计，飞艇的发展前景十分乐观。

现在的飞艇用计算机设计，结构合理，又轻又牢，其框架采用轻质高强度钛和铝合金材料，用化纤材料蒙皮，内充氦气，不再使用氢气，因此十分安全可靠。这种现代飞艇比照过去的飞艇自重减轻2/3，阻力也大大减小，可载重却提高1倍。

现代大型飞艇的经济性、适用性也使人们更加接受飞艇。飞艇的运费比照飞机、汽车都低，仅是航运的3/5。飞艇还可用于石油、建筑、航天工程等方面。

太阳能飞机

　　太阳能飞机被人们誉为新能源飞机,这种飞机是利用太阳能为动力的飞机。因为无污染,它从问世就受到了人们的重视。

　　20世纪80年代,美国研制了"阳光"号无人驾驶飞机,这架飞机没有机身,只是个长30米、宽20.5米的机翼,设备都装在机翼里,由8个靠太阳能驱动的螺旋桨推进。为把节余的电能储存起来,机翼里还安装了一个蓄电池。这架太阳能飞机靠机翼表面接受太阳能,然后转换成电能,用于驱动螺旋桨的电机使用。因为它的飞行高度高,又有蓄电池,所以这架飞机有足够的电力昼夜不停地飞行,能连续不断地飞行3个月。遗憾的是它不能有其他载荷,只能自己飞行,是一架研究用飞机。

　　太阳能是取之不尽的能源,所以太阳能飞机上的太阳能电池板会不断地接收太阳能,并及时地转换成电能,这就能使太阳能飞机不断地得到能源,因此可以长期飞行。但是如遇到乌云的遮挡,飞机就会失去能源。于是科学家为太阳能飞机安装了蓄电池,在太阳能强烈时,把多余的电能储存到蓄电池中去,当乌云遮日时,太阳能飞机仍可使用蓄电池中的电飞行。由于光电转换效率低,目前太阳能飞机还不能应用到客货运输中,只能做科研调查工作。

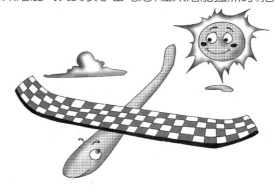

"地下飞机"

　　船在水中行，飞机在天上飞，这是我们常见的景象。可是你见过飞机在地下飞吗?恐怕你还没听说过。没见过飞机在地下飞，这是很正常的，因为这种能在地下飞的飞机正在研制中，是未来的快速交通工具。

　　"地下飞机"机身外形和普通飞机差不多，长约50米，宽2.5米，高4米，前后两侧各有一对短机翼，尾部有垂直尾翼。前边两个机翼下边安装有喷气式发动机，乘员400人左右。

　　地下飞机的飞行原理和普通飞机一样，靠机翼产生升力，靠推力使飞机前进。但它不在天上飞行，而是在地下隧道里飞行。

　　建在地下数百米深的隧道是一项巨大的工程，这种工程需要核动力的隧道掘进设备。这种隧道的直径在50米以上，隧道内分上、下两层，两地间的飞机可以在上、下两层间对开，互不影响。

　　"地下飞机"比普通飞机更具优点，"地下飞机"在隧道内飞行的高度有1米左右，十分安全，没有坠毁的危险。这种飞机在隧道内飞行不受气候影响，雷电雨雾天气照样飞行。这种飞机在地下飞行，机场也建在地下，节约了大量土地，而且不必把机场建在市郊，可直接建在市中心地下，这就为旅客搭乘飞机提供了方便。另外隧道内还可铺设电缆、管道、通行地道等。

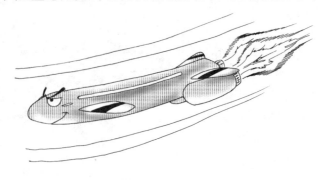

地效飞行器

20 世纪中叶以后，一种叫地效飞行器的新型高速交通工具，在一些国家纷纷登场亮相。由于这种飞行器的特殊行驶方式，人们一直不知道怎样称呼它，甚至引起了争论，有人叫它地效飞机，也有人叫它冲翼艇，还有人说它是"四不像"和怪物。

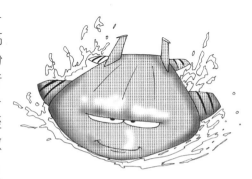

其实地效飞行器更像飞机，它有机翼，有机身，只不过机身宽大得像船而已。它在距水面或地面(沙滩、沼泽等)1～5 米近地高度飞行，时速可达 937.5 千米／时，航程有 1 万千米，具有飞机的高速特点，是任何船舶望尘莫及的。由于飞行高度低，可随时起降在地面或水面，具有比飞机高得多的安全性，并且比飞机节约一半燃料。如此独具的特点、性能，各国都争相研制地效飞行器，地效飞行器可能成为海上未来的重要交通工具。

地效飞行器是 1932 年芬兰工程师卡奥尔诺发明的，20 世纪 60 年代后各国造出了实用的地效飞行器。

地效飞行器是按空气动力学原理和水动力学原理设计的。当它在近地面或海面飞行时，流经其下面的空气由于为地面和海面所阻，流速减慢，压力增大，而流经上表面的空气流速相对较快，压力减小，这种上下表面压力差，增加了飞行器的升力。

微波动力飞机

目前的飞机,无论是螺旋桨式飞机或喷气式飞机都需要以航空煤油作燃料,以消耗燃料使发动机工作,因此,飞机必须携带大量的航空煤油,少则几十吨,多则上百吨。微

波动力飞机就不需要携带燃料,它是靠微波转换的电能来驱动电机飞行的,所以可以减轻飞机的重量,增加飞机的有效载荷。这种正处在研制阶段的新型未来飞机,为未来航空发展揭开了新的一页。

微波是一种电磁波,具有很大的能量,而且还可以通过天线发送出去,发送到很远的地方。微波动力飞机是一种用电能驱动的飞机,它使用的电能是通过地面站产生的。地面站产生的电能转换成微波,然后用天线发送到空中,微波飞机接收到微波后,再把微波转换成电能,把电能输送到电机上。

微波动力飞机的研制已经取得了初步成果。1987年10月,加拿大多伦多宇航技术研究院,研究成功了世界上第一架靠微波提供能量的实验用飞机,并成功地在空中试飞了20分钟。美国、日本的一些专家们也研究成功了微波动力实验飞机,由于诸如微波转换电能及大功率的微波地面站等一些技术问题尚不成熟,现在还不能投入使用。

核动力飞机

　　飞机的燃料是影响飞机的载重量、航速、航程的重要因素,科学家为研究载重量更大,航程更长,航速更快的超大型飞机,把注意力集中到核动力飞机研制方面。20世纪70年代,核动力潜艇问世,与此同时,核动力飞机的研制便开始起步了。

　　核燃料的能量极大,远远超过航空煤油等其他燃料。一架客机需携带几十吨乃至上百吨的航空煤油,但使用核燃料只要一两千克即可,这无疑为超大型的飞机提供了极好的能源。核燃料具有极强的放射性,这种放射性对人体和材料具有很大的危险性。科学家们正在研究建造极安全的反应堆,以解决核燃料对人和材料的损害。一旦这项技术成熟,核燃料就能应用到飞机上。届时,核动力飞机就可以成为超大型的空中交通工具,核动力飞机就此诞生。

　　设计中的核动力飞机可连续航行1万小时以上也不用更换燃料,也就是说连续飞行一个半月也无须增加燃料。这种飞机的载客量极大,足可以载客1000人以上,相当于现在大型客机的两三倍的载客量。

飞机航空表演

　　湛蓝的天空，几架小型飞机忽上忽下，一会儿来一个翻筋斗，一会儿又连续横滚，精彩的空中芭蕾不断博得赞叹声。

　　航空表演是一项惊险、刺激的运动，十分具有观赏性。任何国际航展都有航空特技表演队参加。不仅如此，世界上还有名目繁多的航空特技表演，如：穿越张家界的天门洞表演，穿越松花江大桥的表演等。甚至还有个人穿越法国巴黎凯旋门的。1981 年，法国业余飞行员，驾驶轻型飞机，从仅有 12 米宽的凯旋门门洞穿过，其惊险场面可想而知。

　　小型飞机、轻型飞机自重轻，速度较慢，操纵灵便，易于做各种空中高难动作，是航空表演的最佳选择。一般军用战机虽然速度快，但也属小型飞机，也有比较高的灵活性，而且大都有一名飞行员，因此有的表演队也用战机进行表演，不过都是飞得较高的空中表演。而穿越山洞、桥梁的表演都是轻型飞机。大型飞机的机动性、灵活性较差，很难完成高难动作，所以不能作为航空表演用机。

飞机飞行噪声

如果飞机在低空飞行时，我们会听到刺耳的隆隆声，这就是飞机飞行时产生的噪声，但是一般飞机低空飞行时，速度都比较慢，因此噪声并不大。如果飞机是超音速飞机，那么它的噪声就大了，这噪声甚至会对人和建筑物构成危害，所以，飞机一般都在规定高度以上飞行。

为什么飞机飞行会产生噪声呢？因为飞机的飞行扰动了周围的空气，使周围空气的密度瞬时间发生了变化，产生了扰动波，这扰动波会向四周扩散传播。这个扰动波就是我们听到的声音，也就是飞机飞行时产生的噪声。

扰动波的传播速度、强弱和飞机飞行的速度有关，当飞机飞行速度快时，扰动波的速度就传播得快，扰动波就强烈，噪声也就大。当飞机飞行得慢时，扰动波就弱，传播的速度也慢。超音速飞机产生的噪声非常大就是这个道理。为了减少飞机噪声对人的影响，机场选址都离城市中心较远，并规定飞机在一定高度飞行。

氢也能做燃料

汽车和飞机都用烃类燃料，这些燃料对环境保护不利，会给空气带来污染。另外这些矿物燃料消耗量日益增多，资源越来越少。为了减少污染、节省有限的矿物资源，人们正在寻找适合替代的新能源。

氢是地球上最简单、最普遍的化学元素。氢的存在形式是水，可以说是无限量的。因为地球上的水可以说是够多了，地球表面70%的地方都被水覆盖。

氢的燃烧值高，每千克为12万千焦，煤油才4.28万千焦。也就是说氢的燃烧值是煤油的燃烧值的3倍，如果飞机使用氢燃料，就可以提高载荷3倍。氢燃料还有密度低的特点，这就会使飞机的氢燃料箱大大小于航空煤油燃料箱。

氢用在汽车上同样有以上优点，所以，人们先后研究了用氢作燃料的汽车和用氢作燃料的飞机，这样的汽车、飞机都集中了高科技成果。但是，氢燃料汽车、氢燃料飞机目前还不能普遍推广。这主要是因为液氢的生产成本很高，贮藏也比较困难。不过，汽车、飞机用液氢作燃料的时代不会很远了。

风洞实验

  飞机是依靠空气动力飞行的,由于飞机在空气中运动,空气会对飞机的表面产生作用力。这些作用力中有的作用力对飞机的飞行是有利的,如升力。有的则对飞行产生不利的影响,如阻力。那么怎样才能确定飞机的外部形状更有利于飞行呢?这就需要做一下风洞实验。

  风洞是一个能产生人工气流的管道装置,把要测试的零部件、飞机或一定比例的模型悬挂在管道中,用风扇机制造人工风,吹向模型或实验飞机、零部件,用仪器测试各种数据。风洞分为许多种,可分别测试各类飞行器的空气动力性能。设计人员根据风洞实验不断改进设计,以达到预想的设计目的。例如,在设计机翼时,要尽力找出合适的翼形,以提高机翼的升力;以最大限度减少机翼产生的摩擦阻力、压差阻力和诱导阻力等。这时,就需要制作机翼的模型,然后放进风洞里做风洞实验。经反复多次修改翼形设计,再经反复多次的风洞实验,才能选择理想的机翼翼形,完善飞机机翼的设计。照这样设计的飞机才是有科学依据的。

空中管制

　　全世界的飞机成千上万，执行各种飞行任务的飞机多得数不清。尽管天空辽阔，但无秩序地飞行是十分危险的，甚至会发生飞机相撞的事故。另外，飞机在天空飞行，还需要地面的各种气象、通信等服务。为了飞机的飞行安全，就要让飞机像地面车辆一样，有秩序地飞行，这就要科学地进行空中管制。

　　空中管制要在空中划出航路、空域，并在航路、空域相对应的地面，建立塔台、雷达导航站等设施，通过这些地面设施对航路、空域进行管制和管理。空中管制是一项十分复杂的工作，管制的方法也都是现代化的，广泛地应用了现代计算机技术、雷达技术、通信技术等。地面车辆是在道路上行驶，路面的各种交通标志指挥着车辆，而飞机在空中飞行，要依靠各地面雷达导航系统、飞机上的导航设备，保证飞机在航路里一定高度飞行，这些航路也像道路一样有名称和编号，同一航路里的飞机都有一定间隔地向同一方向飞行。

　　机场的空域分为若干条进入机场的空中走廊，起降的飞机要在机场管制中心——塔台的指令下起降。

飞机也有红绿灯

在晴朗的夜晚,如果你听到头顶上响起隆隆声时,抬头望去,就会看到闪烁的红绿灯在天边移动,这是夜航飞机在飞行。

十字路口的杆子上,安装有红绿黄灯,这是指挥车辆、行人的交通信号。那么,飞机上安装红灯、绿灯是为什么呢?为了使夜航的飞机相互识别,防止飞机空中碰撞,设计人员为飞机装上了红绿灯。这种方法是在飞机的左翼尖安装红灯,右翼尖安装绿灯,机尾装上白灯。由于有了夜航灯,飞机在夜航时就很容易辨认。当驾驶人员看到空中的飞机左边红灯、右边绿灯、当中白灯时,一定是前面的飞机正和自己在航线内,同高度、同方向飞行,只要保持距离就不会发生飞机碰撞。当看到飞机左边绿灯,右边红灯时,那一定是对面正有一架飞机以同一高度相对飞来,这时驾驶员必须采取措施避让,以避免飞机相撞。

夜航灯还可以使机场指挥中心容易辨认在机场起降时的飞机航向、高度,便于指挥中心指挥起降。当然,现代飞机上除夜航灯防撞系统外,还有电子防撞系统,以防止飞机相撞。

小鸟撞掉大飞机

你听说小鸟能撞掉大飞机吗？可能你不会相信。小小的鸟只有几十克重，大的也不过几百克重或几千克重，飞机那么大一个庞然大物怎么会经不住飞鸟的撞击  呢?是的,小鸟能撞掉大飞机。小鸟撞掉大飞机或撞击飞机造成损坏的事故每年都有发生。

　　1960 年 10 月 4 日，美国的一架四台涡轮螺旋桨发动机的客机在机场刚刚起飞不久，遇到一群椋鸟向飞机飞来。有三台发动机被椋鸟撞坏，导致飞机坠落,60 多人丧生。1980 年的春天,苏联的一架飞机，在 2200 米的高空与一只鸟相撞,机身被撞坏一个洞,小鸟死在洞里,幸亏没有发生坠机事故。

　　小小的鸟儿怎么能撞坏大飞机呢？小鸟为什么有这么大的力量呢?这是因为飞机的速度快,一般都在每小时几百千米以上,喷气客机时速更高,每小时近千米,这种速度的飞机和飞鸟相撞,就相当于子弹击中一个物体的速度。当然,飞机是承受不了这么重的撞击的。研究表明:一千克重的小鸟和时速 960 千米的飞机相撞,会产生 2.2 万千克的力量。为了避免鸟撞事故,保证飞机的航行安全,研究人员想出了许多避免鸟撞的办法。例如:采取提高飞机本身的强度,采取用人工和雷达等方法驱散鸟群,清理机场周边环境铲除鸟类栖居的条件等。

飞机要飞航路

快乐的鸟儿可以在蓝天自由自在地翱翔。飞机可以在无边无际的天空自由飞行吗?那可不行。飞机要在航路内有秩序地飞行,只有像车辆那样在划定的路面上行驶,才能保证飞行安全。

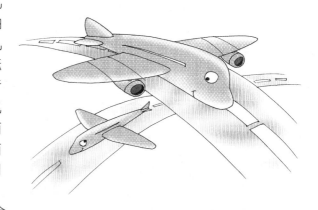

我们知道飞机的速度都非常快,从时速几百千米到几千千米以上,这么快的飞机如果没有秩序地随意飞行,随时都有相撞的危险。如果飞机相撞那可就要发生机毁人亡的大事故。航空史上就有许多飞机相撞的事故发生。为了保证飞机的飞行安全,所以飞机也要飞航路。

航路有一定的宽度,航路两侧的区域里还有安全区,航路还有一定高度,7000 米以上的航路称为高空航路,7000 米以下的航路叫中低空航路。在航路里还划分了许多高度层,开辟若干个通道。

飞机要在航路里飞行,在一定宽度、一定高度层里飞行,不准超出这个范围,好比汽车不能越线一样,否则就容易发生危险。

在航路里飞行的飞机必须向着同一个方向,前后两架沿同一方向飞行的飞机要有一定距离,不准随意超越,航路也像公路一样也有名称和编号。

飞机安装"黑匣子"

当飞机发生空难时，飞机就会坠毁，甚至发生爆炸、燃烧，造成机毁人亡的悲剧。为了保证飞行的安全，尽可能避免飞行事故，就要不断地研究飞机飞行问题，特别是要调查飞机的失事原因。但是，飞机坠毁发生爆炸，机毁人亡，调查飞机失事的原因就很困难。因为，找不到或很难找到飞机失事前驾驶人员的工作情况的证据和飞机的各系统运行情况的证据，也找不到飞机的飞行状态的证据。总之，很难查清是什么原因造成飞机失事的。查不清飞机失事的原因，也就无法研究如何改进，以避免事故的发生。随着科学技术的发展，传感器、电子技术、材料科学等新技术层出不穷。研究人员研究出了"飞行信息自动记录器"，这种自动记录器被人们称作"黑匣子"。

飞机装上"黑匣子"，它能及时、准确地记录飞机在 25 小时内的长达 16~32 分钟的资料。这些资料包括飞机的速度、油压、垂直的速度、

操作程序及驾驶人员遇到特殊情况时的操作等，还可以反复记录失事前 30 分钟内机舱、客舱里的各种声音。"黑匣子"的记录，就是飞机失事前的重要证据，技术人员可以分析这些记录，以判定飞机失事的原因。